### Liebe Schülerin, lieber Schüler,

Das **Grammatische Beiheft** ist eine Ergänzung zu deinem Französischbuch.
Es bietet dir **Hilfe**, wenn du bei den Hausaufgaben Unterstützung brauchst, einmal
krank warst oder dir im Unterricht einfach mal etwas durch die Lappen gegangen ist.
Es hilft dir auch bei der Vorbereitung von Klassenarbeiten und Tests.
Im Grammatischen Beiheft findest du ausführliche **Regeln**, **Erklärungen**,
**Informationen** und **Tipps** zu den grammatischen Erscheinungen, die im
Schülerbuch durchgenommen werden. Den Gesamtüberblick leistet das
chronologische **Inhaltsverzeichnis.**
Nach den wichtigsten Lektionen kannst du kurz dein Können testen. Mach in deinem
Heft die **Übungen** aus dem Teil ‚*Alles klar? – Du bist dran!*'. Eine Rückmeldung bieten
dir die Lösungen dazu, die du im Anhang findest. Du kannst die Übungen auch als Ar-
beitsblatt (ohne und mit Lösungen) herunterladen: **www.klett.de** Code: **9sf9wr.**
Doch das ist längst noch nicht alles.
Wichtige **Redemittel,** die du in deinem Französischunterricht lernst, findest
du zum Nachschlagen ab Seite 68. Dazu auch eine **Übersicht über die Verben**, die du
brauchst, wenn du dich auf Französisch ausdrücken möchtest.
Die **Lernstrategien** aus dem Schülerbuch findest du noch einmal im Überblick. Schlag
einfach mal nach. Vielleicht ist etwas für dich dabei.
Möchtest du ein Grammatik-Thema wiederholen, schlage im **Stichwortverzeichnis**
nach. So findest du schnell das richtige Kapitel. Und wenn dir ein
Begriff, den du im Unterricht gehört hast, nicht klar ist, schau ins **Verzeichnis der
grammatischen Begriffe.** Hier werden sie noch einmal an Beispielen
erklärt.

### Wir wünschen dir viel Spaß beim Lernen
### und Nachschlagen im Grammatischen Beiheft.

### Die Französisch-Redaktion

**Erklärung der Symbole**

**F / D / E**  Hier gibt's Hinweise zum
Vergleich mit anderen
Sprachen.

# Inhalt

4

# Inhalt

# Inhalt

## Nomen und Begleiter

## G1 un ami / des amis – Nomen und Artikel

| un ami | une amie | l'ami | l'amie |
|---|---|---|---|
| ↘ | ↙ | ↘ | ↙ |
| des amis | | les amis | |

**Plural auf -x**

| un chât**eau** | des chât**eaux** | le cor**ail** | les cor**aux** |
| un rés**eau** | des rés**eaux** | le trav**ail** | les trav**aux** |
| un j**eu** | des j**eux** | un anim**al** | des anim**aux** |

**Männlich oder weiblich?**

**m.**

| **-age** | **-ment** | **-eur** | **-in** | **-al** |
|---|---|---|---|---|
| le voy**age** | le départe**ment** | le spectat**eur** | le jard**in** | le carnav**al** |
| le pays**age** | le parle**ment** | l'ordinat**eur** | le mat**in** | le can**al** |
| le nu**age** | le monu**ment** | le traduct**eur** | | |
| le vill**age** | | | | |

aber: la plage, la page, l'image

**f.**

| **-ion** | **-tion** | **-ité** | **-ie** |
|---|---|---|---|
| la rég**ion** | la na**tion** | la national**ité** | la v**ie** |
| l'émiss**ion** | la planta**tion** | la divers**ité** | la géograph**ie** |
| la télévis**ion** | la popula**tion** | l'électric**ité** | la cop**ie** |
| | la construc**tion** | la c**ité** | |
| aber: l'avion | la sta**tion** | | |

**Berufsbezeichnungen**

| **m.** | **f.** | | **m.** | **f.** |
|---|---|---|---|---|
| un act**eur** / une act**rice** | | | un chant**eur** / une chant**euse** | |
| un cuisin**ier** / une cuisin**ière** | | | un médecin / une médecin | |
| un boulang**er** / une boulang**ère** | | | un professeur / une professeur(e) | |

**Nationalitäten**

| **m.** | **f.** | | **m.** | **f.** |
|---|---|---|---|---|
| un Français / une Français**e** | | | un Guadeloupéen / une Guadeloupéen**ne** | |
| un Allemand / une Allemand**e** | | | un Algérien / une Algérien**ne** | |
| un Autrichien / une Autrichien**ne** | | | un Tunisien / une Tunisien**ne** | |
| un Suisse / une Suisse | | | un Marocain / une Marocain**e** | |

→

• **Un** und **une** sind **unbestimmte Artikel**.
• Sie stehen vor Nomen im **Singular**.
• **Un** steht vor männlichen, **une** vor weiblichen Nomen.
• **Des** ist der **unbestimmte** Artikel im **Plural** für alle männlichen und weiblichen Nomen.

• **Le** und **la** sind bestimmte Artikel.
• Sie stehen vor Nomen im **Singular**.
• **Le** steht vor männlichen, **la** vor weiblichen Nomen.
• **Les** ist der **bestimmte** Artikel im **Plural** für alle männlichen und weiblichen Nomen.

👄 *Das **-s** bei de**s** und le**s** wird nur vor Wörtern ausgesprochen, die mit Vokal oder „stummem h" beginnen. Man nennt das **Liaison** (Bindung), weil man zwei Wörter in der Aussprache miteinander verbindet:*

*De**s**‿**a**utoroutes, le**s**‿**h**istoires*

**F / D / E**
*Im Französischen gibt es den **unbestimmten Artikel** im **Plural** (des), im Deutschen und Englischen nicht.*

| | | | |
|---|---|---|---|
| **F** | Tu as | **des** | chaussures pour moi? |
| **D** | *Hast du* | – | *Schuhe für mich?* |
| **E** | Do you have | – | shoes for me? |

## G2 mon, ton, son … – Die Possessivbegleiter

*Mit den Possessivbegleitern kannst du Beziehungen zwischen Personen und Besitzverhältnisse beschreiben.*

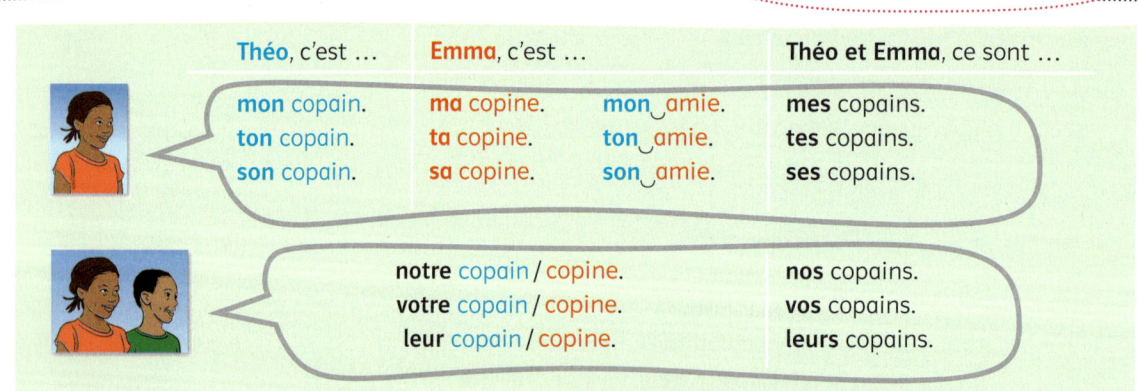

| | **Théo**, c'est … | **Emma**, c'est … | | **Théo et Emma**, ce sont … |
|---|---|---|---|---|
| | **mon** copain. | **ma** copine. | **mon**‿amie. | **mes** copains. |
| | **ton** copain. | **ta** copine. | **ton**‿amie. | **tes** copains. |
| | **son** copain. | **sa** copine. | **son**‿amie. | **ses** copains. |
| | **notre** copain / copine. | | | **nos** copains. |
| | **votre** copain / copine. | | | **vos** copains. |
| | **leur** copain / copine. | | | **leurs** copains. |

• *Die **Possessivbegleiter** stehen vor dem Nomen und zeigen einen **Besitz** an (mein/e, dein/e …).*
• *Sie richten sich nach dem Geschlecht des Nomens, nicht nach dem Geschlecht des Besitzers (**le** copain → **mon** copain, **la** copine → **ma** copine).*
• **Mon, ton, son, ma, ta, sa:** *Eine Person hat **etwas** (mein/e, dein/e, sein/e, ihr/e).*
• **Mes, tes, ses:** *Eine Person hat **mehrere von etwas** (meine, deine, seine, ihre).*
• **Notre, votre, leur:** *Mehrere Personen haben **etwas** (unser/e, euer / eure, ihr/e).*
• **Nos, vos, leurs:** *Mehrere Personen haben **mehrere von etwas** (unsere, eure, ihre).*

## G3 ce / cet / cette / ces ... – Die Demonstrativbegleiter

*Du willst ausdrücken, dass du etwas ganz Bestimmtes meinst.*

| m. | f. | pl. |
|---|---|---|
| **ce** volcan *dieser Vulkan* | **cette** forêt *dieser Wald* | **ces** volcans *diese Vulkane* |
| **cet** archipel *diese Inselgruppe* | **cette** île *diese Insel* | **ces** plages *diese Strände* |

**Merke dir diese Ausdrücke:**

| ce matin | *heute Morgen* | ce soir | *heute Abend* |
|---|---|---|---|
| cet après-midi | *heute Nachmitag* | cette nuit | *heute Nacht* |

- *Der **Demonstrativbegleiter** (ce, cet, cette, ces) ist ein weiterer Begleiter des Nomens.*
- *Mit ihm kannst du auf bestimmte Personen oder Gegenstände hinweisen.*
- *Ebenso wie die Possessivbegleiter richten sich auch die Demonstrativbegleiter in Geschlecht und Zahl nach dem Nomen, auf das sie sich beziehen.*

*Singular*
- **ce** *steht vor einem **maskulinen** Nomen, das mit einem **Konsonanten** beginnt.*
- **cet** *steht vor einem **maskulinen** Nomen, das mit einem **Vokal** oder stummem **h** beginnt.*
- **cette** *steht vor einem **femininen** Nomen.*

*Plural*
- **ces** *steht vor **femininen** und **maskulinen** Nomen im **Plural.***

## G4 tout le ... / toute la ... – Die Indefinitbegleiter

*Mit dem Begleiter **tout** kannst du auf eine Gesamtheit von Menschen oder Gegenständen hinweisen.*

| Singular | | Plural | |
|---|---|---|---|
| m. | f. | m. | f. |
| **tout le** pays *das ganze Land* | **toute la** population *die gesamte Bevölkerung* <br> **toute l'**équipe *das gesamte Team* | **tous les** habitants *alle Einwohner* | **toutes les** personnes *alle Personen* |

**Merke dir diese Ausdrücke:**

| toute la journée *den ganzen Tag* | toute la nuit *die ganze Nacht* | toute la semaine *die ganze Woche* |
|---|---|---|
| tous les jours *jeden Tag* | tout le temps *die ganze Zeit* | tout le monde *alle (Leute) / jeder* |

- *Der Indefinitbegleiter **tout** ist ebenfalls ein Begleiter des Nomens. Er weist auf eine Gesamtheit von Menschen oder Gegenständen hin.*
- ***Tout** richtet sich wie die anderen Begleiter in Geschlecht und Zahl nach dem Nomen, auf das es sich bezieht, z.B. la production → **toute** la production*
- *Der Ausdruck **tout** + **bestimmter Artikel** hat im Deutschen zwei Übersetzungen:*

| *Im Singular:* | | *Im Plural:* | |
|---|---|---|---|
| tout le / toute la | ***der / die / das gesamte*** | tous les / toutes les | ***alle*** |

- *In der **Aussprache** hört man keinen Unterschied zwischen den jeweils maskulinen und femininen Singular- und Pluralformen:* tout – tous = [tu] *und* toute – toutes = [tut]

### Pronomen

## G5 Die unverbundenen Personalpronomen

> C'est le stress **avec eux.** Ils pédalent comme des fous.

| à | moi |
|---|---|
| avec | toi |
| chez | lui / elle |
| derrière | nous |
| devant | vous |
| pour | eux / elles |

*Das **unverbundene Personalpronomen** steht:*
- *nach einer Präposition* (avec, pour, chez, sans, sur …): Tu fais du VTT **avec nous?**
- *allein (in Sätzen ohne Verb)*: Et **toi?**

## G6 Die indirekten Objektpronomen

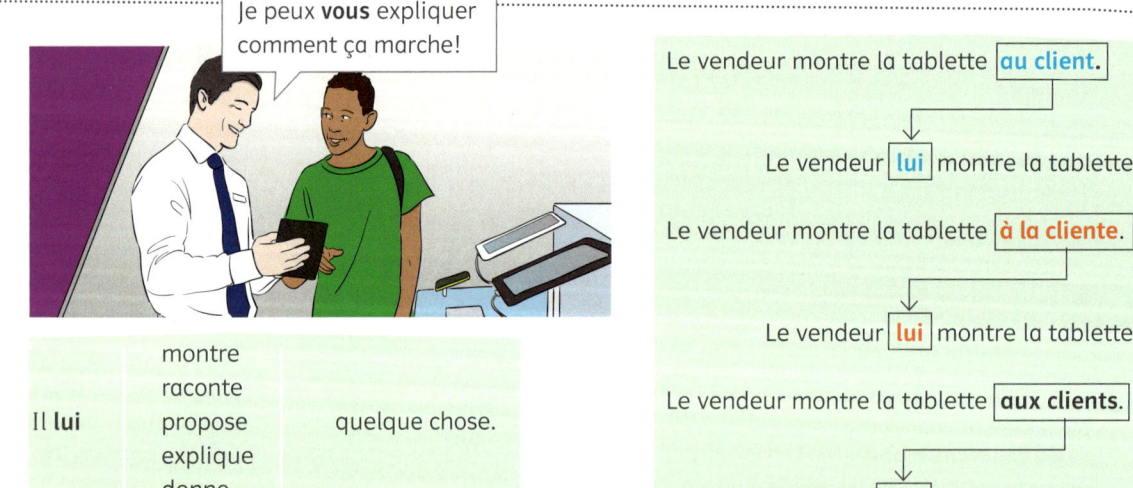

> Je peux **vous** expliquer comment ça marche!

| Il lui | montre<br>raconte<br>propose<br>explique<br>donne<br>dit | quelque chose. |
|---|---|---|

Le vendeur montre la tablette au client.

Le vendeur lui montre la tablette.

Le vendeur montre la tablette à la cliente.

Le vendeur lui montre la tablette.

Le vendeur montre la tablette aux clients.

Le vendeur leur montre la tablette.

- *Die **indirekten Objektpronomen** für die 3. Person heißen **lui** und **leur**. Sie ersetzen **Personen** (indirekte Objekte: à + Person)*
- ***Lui** (ihm / ihr) ersetzt ein **maskulines** oder **feminines** Nomen im **Singular**.*
- ***Leur** (ihnen) ersetzt **maskuline** oder **feminine** Nomen im **Plural**.*
- *Die **indirekten Objektpronomen** lui und leur **stehen vor** dem Verb.*

→

| Le vendeur | me<br>te<br>**lui**<br>**nous**<br>**vous**<br>**leur** | montre la tablette et il | m'<br>l'<br>**lui**<br>**nous**<br>**vous**<br>**leur** | explique tout. | mir<br>dir<br>ihm/ihr<br>uns<br>euch/Ihnen<br>ihnen |
|---|---|---|---|---|---|

- *Das **indirekte Objektpronomen** für die 1. Person Singular (je) lautet* **me,**
  *für die 2. Person Singular (tu)* **te,**
  *für die 1. Person Plural (nous)* **nous,**
  *für die 2. Person Plural (vous)* **vous.**
- **Me**, **te**, **nous**, **vous** *stehen* ebenfalls **vor** *dem Verb.*
- **Me** *und* **te** *werden vor Vokal und stummem h zu* **m'** *und* **t'.**

## G7 Die direkten Objektpronomen

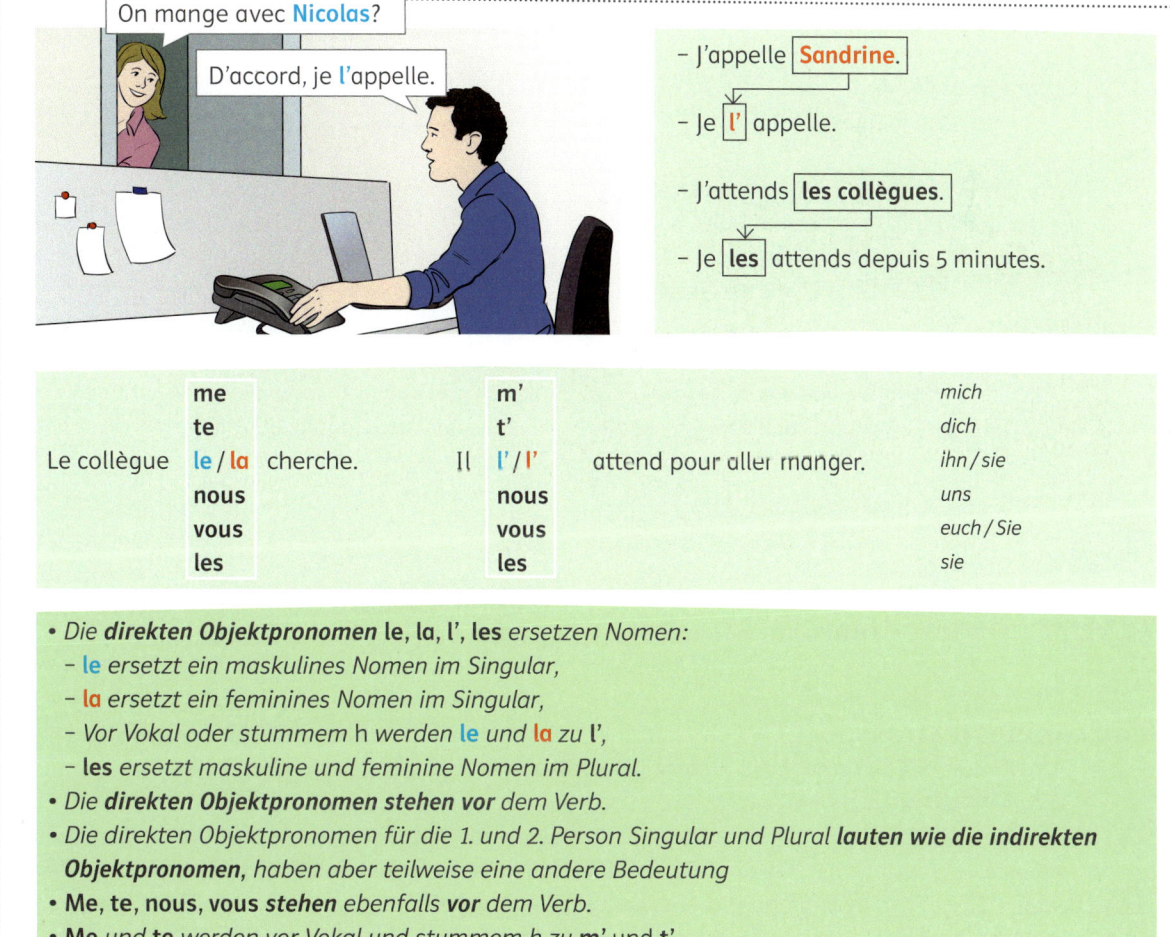

- J'appelle Sandrine.
- Je l' appelle.
- J'attends les collègues.
- Je les attends depuis 5 minutes.

On mange avec Nicolas?

D'accord, je l'appelle.

| Le collègue | me<br>te<br>**le** / **la**<br>**nous**<br>**vous**<br>**les** | cherche. | Il | m'<br>t'<br>**l'** / **l'**<br>**nous**<br>**vous**<br>**les** | attend pour aller manger. | mich<br>dich<br>ihn/sie<br>uns<br>euch/Sie<br>sie |
|---|---|---|---|---|---|---|

- *Die **direkten Objektpronomen** le, la, l', les ersetzen Nomen:*
  - *le ersetzt ein maskulines Nomen im Singular,*
  - *la ersetzt ein feminines Nomen im Singular,*
  - *Vor Vokal oder stummem h werden le und la zu l',*
  - *les ersetzt maskuline und feminine Nomen im Plural.*
- *Die **direkten Objektpronomen** stehen vor dem Verb.*
- *Die direkten Objektpronomen für die 1. und 2. Person Singular und Plural **lauten wie die indirekten Objektpronomen**, haben aber teilweise eine andere Bedeutung*
- **Me**, **te**, **nous**, **vous** *stehen* ebenfalls **vor** *dem Verb.*
- **Me** *und* **te** *werden vor Vokal und stummem h zu* **m'** *und* **t'.**

## G8 Die Pronomen *y* und \**en* → Leçon 2 / Passerelle 3

Quand est-ce que tu **vas au concert** de M?

J'**y vais** à 19 heures.

Tu fais du tennis?

Oui, j'**en viens.**

**Tu vas où?**
– Tu vas **au concert** de M?
– Oui, j'**y** vais à 19 heures.
– Non, je n'**y** vais pas.
– Non, je n'ai pas envie d'**y** aller.
– Oui, je vais **y** aller demain.
– Je ne vais pas **y** aller.
– J'**y** suis déjà allé(e).
– **Le concert** était bien?
– Je n'**y** suis pas allé(e).

**Tu viens d'où?**
– Tu **viens du** tennis / **du** foot / **de la** piscine?
– Oui, j'**en** viens.

**Tu en veux?**
– Tu veux **du fromage**?
– Oui, j'**en** prends un petit peu.
– Non, je n'**en** veux pas.
– Merci, j'**en** ai encore.

- *Mit* **y** *können Ortsangaben ersetzt werden, die mit den Präpositionen* en, à, chez, sur *und* dans *eingeleitet werden. Es bedeutet „dorthin" (in Richtung auf einen Ort) oder „dort" (an einem Ort).*
- **Y** *steht vor der konjugierten Verbform.*
- *Bei der* **Verneinung** *werden* y *und die konjugierte Verbform von* **ne ... pas** *umschlossen.*

- *Mit* **en** *können Ortsangaben ersetzt werden, die mit der Präposition* **de** *eingeleitet werden. Es bedeutet „von dort" oder „von daher".*
- **En** *ersetzt auch Mengenangaben, die mit der Präposition* **de** *eingeleitet werden. Hier bedeutet* en *„davon".*
- **En** *steht vor der konjugierten Verbform.*
- *Bei der* **Verneinung** *werden* en *und die konjugierte Verbform von* **ne ... pas** *umschlossen.*

### Alles klar? – Du bist dran!

*Hier kannst du die Pronomen* y *und* en *üben. Die Lösungen findest du auf S. 74.*

**1 Deux copines à Strasbourg** → Du kannst diese Aufgabe nach Passerelle 3 bearbeiten.
Complète les phrases avec **y** ou **en.** Ecris le texte dans ton cahier.

*Lucie:* Qu'est-ce qu'on fait aujourd'hui? – *Sara:* J'aimerais aller **à la Petite France**. – *Lucie:* D'accord, on ■ va. –
*Sara:* Il y a des restaurants sympa. Est-ce que tu as déjà mangé **de la flammekueche**? – *Lucie:* Non, je n'■ ai
jamais mangé. – *Sara:* Ensuite, je propose de retourner **au centre-ville**. Tu pourrais *(könntest)* ■ acheter **des
souvenirs** pour tes parents. – *Lucie:* J'■ ai déjà, mais il m'■ faut un pour ma sœur.

## Adjektive

### G9 Die Adjektive → Leçon 1 / Leçon 2 / Leçon 3

*Mit Adjektiven kannst du **Personen** und **Dinge** näher beschreiben.*

**1. Die Angleichung der Adjektive**

| Singular | | Plural | |
|---|---|---|---|
| **m.** | **f.** | **m.** | **f.** |
| grand | grande | grands | grandes |
| long | longue | longs | longues |
| haut | haute | hauts | hautes |
| bon | bonne | bons | bonnes |
| fatigué | fatiguée | fatigués | fatiguées |
| ambitieux | ambitieuse | ambitieux | ambitieuses |
| jaloux | jalouse | jaloux | jalouses |
| sportif | sportive | sportifs | sportives |
| portugais | portugaise | portugais | portugaises |
| italien | italienne | italiens | italiennes |
| allemand | allemande | allemands | allemandes |

*Beachte:* Aïcha est française.      *être* + Adjektiv → Kleinschreibung
C'est une Française.      *un / une* + Nomen → Großschreibung

- **Adjektive** *richten sich nach dem Geschlecht des Bezugswortes (Nomen)*
  (**Il** est fatigu**é**. **Elle** est fatigu**ée**.).
- *Steht das **Bezugswort im Plural** und ist **maskulin**, hängt man in der Regel an die männliche Form des Adjektives ein **-s** an (*les pull**s** vert**s***). Manche maskuline Adjektive haben im Plural auch die Endungen* **-eux**, **-iens** *oder* **-ifs**.
- *Steht das **Bezugswort im Plural** und ist **feminin**, hängt man in der Regel an die männliche Form des Adjektives ein **-es** an (*les jupe**s** verte**s***). Manche feminine Adjektive haben im Plural auch die Endungen* **-euses**, **-iennes** *oder* **-ives**.

**2. *beau / nouveau / vieux***

| Singular | | Plural | |
|---|---|---|---|
| **m.** | **f.** | **m.** | **f.** |
| un **beau** jardin | une **belle** statue | des **beaux** jardins | des **belles** statues |
| un **bel** arbre | | des b**eaux** arbres | |
| un **nouveau** parc | une **nouvelle** maison | des **nouveaux** parcs | des **nouvelles** maisons |
| un **nouvel** hôtel | | des **nouveaux** hôtels | |
| un **vieux** monsieur | une **vieille** dame | des **vieux** messieurs | des **vieilles** dames |
| un **vieil** ami | | des **vieux** amis | |

→

- *Die Adjektive* **beau** *und* **nouveau** *haben im Singular drei Formen:*
  *zwei* **maskuline** *Formen:* **beau / nouveau** *vor* **Konsonanten**
  **bel / nouvel** *vor* **Vokal** *oder* **stummem h**
  *und eine feminine Form:* **belle** *und* **nouvelle.**
- *Im Plural gibt es nur* **eine** *maskuline und* **eine** *feminine Form.*
- *Das* **-x** *der maskulinen Form und das* **-s** *der femininen Form werden vor Vokal und stummem h gebunden.*
- **Beau** *und* **nouveau** *sind Adjektive, die* **vor** *dem Nomen stehen.*

### 3. Die Stellung der Adjektive

Un **vieux** château.
　　Un château **magnifique.**
Un **vieux** château **magnifique.**

Un **grand** château **blanc.**
Une **grande** ville **allemande.**

- *Im Französischen stehen im Unterschied zum Deutschen die* **meisten Adjektive hinter** *dem Nomen, insbesondere* **Farbadjektive** *und* **Länderadjektive.**
- **Vor** *dem* **Nomen** *stehen einige häufig gebrauchte Adjektive wie* **bon, grand, petit, beau, nouveau, vieux.**

## G10　Die Steigerung der Adjektive → Leçon 1

### 1. Der Komparativ

le mont Cervin
4 478 m

la Zugspitze
2 962 m

le pic Carlit
2 921 m

le mont Blanc
4 810 m

| | |
|---|---|
| Le mont Blanc est **plus haut que** le mont Cervin. | höher als ↑ |
| Le pic Carlit est (presque) **aussi haut que** la Zugspitze. | (fast) so hoch wie ↔ |
| La Zugspitze est **moins haute que** le mont Cervin. | weniger hoch / niedriger als ↓ |

- *Der* **Komparativ** *(größer, weniger groß / kleiner) wird gebildet, indem man die Wörter* **plus** *(= Aufwärtssteigerung ↗) oder* **moins** *(= Abwärtssteigerung ↘)* **vor** *das Adjektiv stellt.*
- *Bei* **Gleichheit** *(genauso klein / groß) wird das Wort* **aussi** *(↔)* **vor** *das Adjektiv gestellt.*
- *Auf das Adjektiv folgt* **que / qu'** *(als / wie).*
- *Das* **Adjektiv** *ist* **veränderlich,** *es richtet sich nach dem Nomen, auf das es sich bezieht.*

→

## 2. Der Superlativ

| | |
|---|---|
| En France, le pont **le plus connu**, c'est le Pont du Gard. | *die bekannteste Brücke* |
| la ville **la plus grande**, c'est Paris. | *die größte Stadt* |
| les fleuves **les plus longs** sont la Loire et la Seine. | *die längsten Flüsse* |
| la montagne **la moins touristique** est le Massif central. | *das am wenigsten touristische Gebirge* |

- *Der **Superlativ** (der / die / das größte, kleinste, …) wird gebildet, indem man **den bestimmten Artikel vor** plus oder **moins** setzt.*
- *Das **Adjektiv** ist **veränderlich**, es richtet sich nach dem Nomen, auf das es sich bezieht.*

## *3. Die Steigerung des Adjektivs *bon*

La confiture de cerise est bonne, mais la confiture de fraise est **meilleure**.

C'est **ma meilleure** amie.

| | | Komparativ | Superlativ |
|---|---|---|---|
| | *gut* | *besser* | *der / die beste* |
| **Sg.** | bon / bonne | meilleur / meilleure | le meilleur / la meilleure |
| **Pl.** | bons / bonnes | meilleurs / meilleures | les meilleurs / les meilleures |

*Das Adjektiv **bon** wird nicht mit plus gesteigert, sondern hat eine **eigene Steigerungsform**.*

# G Grammaire

## Alles klar? – Du bist dran!

*Hier kannst du die **Adjektive** üben.*
*Die Lösungen findest du auf S. 74.*

### 1 On fait de la géographie → Du kannst diese Aufgabe nach Leçon 1 bearbeiten.

Regarde le tableau et compare. Complète les phrases et écris-les dans ton cahier.

| les îles | | les fleuves | | les montagnes | |
|---|---|---|---|---|---|
| la Guadeloupe | 1704 km² | la Seine | 776 km | le pic Carlit | 2921 m |
| la Réunion | 2512 km² | la Loire | 1012 km | le pic du Midi | 2887 m |
| la Martinique | 1128 km² | le Rhône | 812 km | le mont Blanc | 4810 m |

a  plus / aussi / moins … que

La Guadeloupe est ■ la Martinique.

La Martinique est ■ la Réunion.

La Seine est presque ■ le Rhône.

La Loire est ■ le Rhône.

Le pic du Midi est ■ le mont Blanc,

mais presque ■ le pic Carlit.

`grand`  `grand`  `long`  `long`  `haut`  `haut`

b  le / le plus / moins …

L'île ■, c'est la Réunion.

Le fleuve ■, c'est la Seine.

La montagne ■, c'est le mont Blanc.

`grand`  `long`  `haut`

### 2 Versailles → Du kannst diese Aufgabe nach Leçon 3 bearbeiten.

Complète les phrases avec les formes de **beau, nouveau** ou **vieux.** Ecris le texte dans ton cahier.

Versailles est un **b**■ château qui se trouve près de Paris. Chaque jour de nombreux touristes y visitent les **b**■ chambres avec les **v**■ meubles. On peut voir aussi le **v**■appartement du roi. Depuis 2009, le château a une **n**■ façade. Dans le parc il y a des **b**■ arbres, des **n**■ statues et des **v**■ fontaines. Pour entrer au château, il faut monter un **b**■ escalier. Après la visite, on peut manger dans des **n**■ restaurants qui proposent des plats délicieux.

## Verben und Zeiten

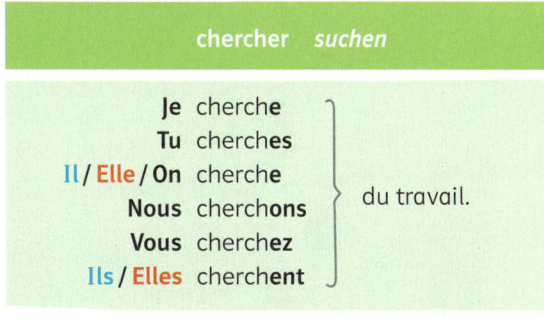

| passé | présent | futur |
|---|---|---|

| avant le passé | dans le passé | maintenant | dans le futur |
|---|---|---|---|
| Avant-hier, **on avait fait** du skate.<br>*plus-que-parfait | Hier, **on est allés** au cinéma.<br>**passé composé** | **On regarde** la télé.<br><br>**présent** | Demain, **on va aller** à la piscine.<br>**futur composé** |
| | Le film **était** génial.<br>**imparfait** | | Il **fera** beau.<br>**futur simple** |

**G11**   **Je sors avec les copains** – Das Präsens    présent

*Mit dem Präsens schilderst du **Ereignisse** oder **Situationen**, die in der **Gegenwart** stattfinden.*

**1. Die Verben auf -er**

| chercher *suchen* | |
|---|---|
| **Je** cherch**e** | |
| **Tu** cherch**es** | |
| **Il / Elle / On** cherch**e** | du travail. |
| **Nous** cherch**ons** | |
| **Vous** cherch**ez** | |
| **Ils / Elles** cherch**ent** | |

*Du findest die **Verben** auf **-er** mit Besonderheiten (Schreibweise und Aussprache) in der Verbtabelle → **G35**.*

*Dazu gehören:* **essayer, acheter, préférer, manger, appeler, payer.**

***Endungen:***
**-e**, **-es**, **-e**, **-ons**, **-ez**, **-ent**

| essayer *versuchen* | |
|---|---|
| **J'** essa**ie** | |
| **Tu** essa**ies** | |
| **Il / Elle / On** essa**ie** | de trouver une solution. |
| **Nous** essay**ons** | |
| **Vous** essay**ez** | |
| **Ils / Elles** essa**ient** | |

*Die Verben auf **-er** haben im Präsens (Gegenwart) alle die gleichen Endungen (-e, -es, -e, -ons, -ez, -ent).*
*Sie werden an den Stamm des Infinitivs angehängt:* regard → je regard**e**, tu regard**es** …
*Stamm*

**2. Die reflexiven Verben → Leçon 3**

| se réveiller *aufwachen* | |
|---|---|
| Je **me** réveill**e** | |
| Tu **te** réveill**es** | |
| Il / Elle / On **se** réveill**e** | |
| Nous **nous** réveill**ons** | tôt le matin. |
| Vous **vous** réveill**ez** | |
| Ils / Elles **se** réveill**ent** | |

| se lever *aufstehen* | |
|---|---|
| Je **me** l**è**ve | |
| Tu **tu** l**è**ves | |
| Il / Elle / On **se** l**è**ve | |
| Nous **nous** levons | à 7 heures. |
| Vous **vous** levez | |
| Ils / Elles **se** l**è**vent | |

- *Reflexive Verben* sind Verben, die immer von einem **Reflexivpronomen** begleitet werden:
  **me, te, se, nous, vous, se**
- *Die Reflexivpronomen* **me, te, se** *werden vor Vokal oder stummem h zu* **m', t'** *und* **s'**:
  *z.B.:* je **m'**énerve, tu **t'**énerves, il / elle / on **s'**énerve
- *Bei der* **Verneinung** *umschließt* ne … pas *das Reflexivpronomen und das Verb.*

Je ⟨ne⟩ me lève ⟨pas.⟩

**3. Die Verben auf *-dre***

| attendre *warten* | |
|---|---|
| J' attend**s** | |
| Tu attend**s** | |
| Il / Elle / On attend | |
| Nous attend**ons** | le bus. |
| Vous attend**ez** | |
| Ils / Elles attend**ent** | |

*ebenso:* **répondre** *(antworten)* – **entendre** *(hören)* – **perdre** *(verlieren)* – **rendre** *(zurückgeben)* – **vendre** *(verkaufen)*

*Die Verben auf* **-dre** *haben im Präsens (Gegenwart) alle die gleichen Endungen (-s, -s, -d, -ons, -ez, -ent).*
*Sie werden an den Stamm des Infinitivs angehängt:* perd → je perd**s**, tu perd**s** …
*Stamm*

→

## 4. Die Verben auf -ir

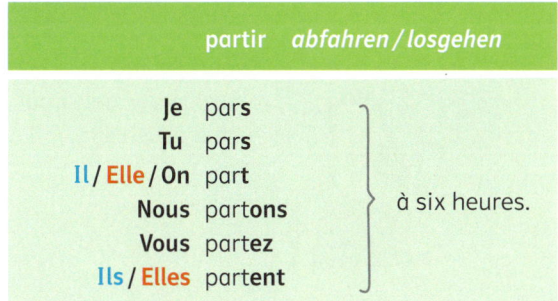

| | partir | *abfahren / losgehen* |
|---|---|---|
| **Je** | pars | |
| **Tu** | pars | |
| **Il** / **Elle** / **On** | part | |
| **Nous** | part**ons** | à six heures. |
| **Vous** | part**ez** | |
| **Ils** / **Elles** | part**ent** | |

| | sortir | *ausgehen* |
|---|---|---|
| **Je** | sors | |
| **Tu** | sors | |
| **Il** / **Elle** / **On** | sort | |
| **Nous** | sort**ons** | ce soir. |
| **Vous** | sort**ez** | |
| **Ils** / **Elles** | sort**ent** | |

*ebenso:* **dormir** *(schlafen)*: je dor**s**, nous dorm**ons** – **servir** *(servieren)*: je ser**s**, nous serv**ons**

> *Die Verben auf* **-ir ohne** *Stammerweiterung haben im Präsens (Gegenwart) alle die gleichen Endungen*
> (-s, -s, -t, -ons, -ez, -ent). *Sie werden an den Stamm des Infinitivs angehängt:*
> partir / sortir → je par**s** / je sor**s**, tu par**s** / sor**s** …

## 5. Die Verben auf -ir mit Stamm-Erweiterung

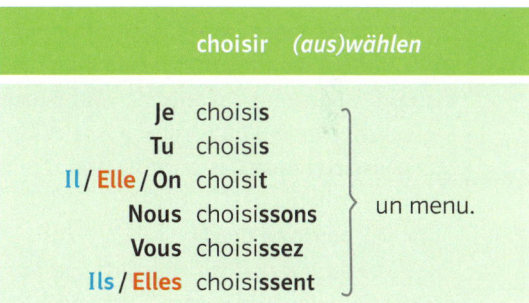

| | finir | *beenden* |
|---|---|---|
| **Je** | fini**s** | |
| **Tu** | fini**s** | |
| **Il** / **Elle** / **On** | fini**t** | |
| **Nous** | fini**ssons** | le match. |
| **Vous** | fini**ssez** | |
| **Ils** / **Elles** | fini**ssent** | |

| | choisir | *(aus)wählen* |
|---|---|---|
| **Je** | choisi**s** | |
| **Tu** | choisi**s** | |
| **Il** / **Elle** / **On** | choisi**t** | |
| **Nous** | choisi**ssons** | un menu. |
| **Vous** | choisi**ssez** | |
| **Ils** / **Elles** | choisi**ssent** | |

*ebenso:* **réagir** *(reagieren)*: je réagi**s**, nous réagi**ssons** – **remplir** *(füllen)*: je rempli**s**, **nous** rempli**ssons**

> • *Die Verben auf* **-ir mit** *Stammerweiterung haben im Präsens (Gegenwart) alle die gleichen Endungen*
> (-s, -s, -t, -issons, -issez, -issent). *Sie werden an den Stamm des Infinitivs angehängt:*
> finir / choisir → je fini**s** / je choisi**s**, tu fini**s** / choisi**s** …
> • *Im* **Plural** *erweitern sich die Endungen um die Vorsilbe* -**iss** (nous fin**iss**ons / chois**iss**ons …)

## 6. Unregelmäßige Verben

*Die unregelmäßigen Verben lernst du am besten auswendig.*

*Du findest die unregelmäßigen Verben in der Verbtabelle* → **G35**.
*Dazu gehören:* **avoir, être, aller, boire, connaître, construire, devoir, dire, écrire, envoyer, faire, lire, mettre, offrir, ouvrir, pouvoir, prendre, recevoir, savoir, venir, vivre, voir** *und* **vouloir.**

**G12**   **Qu'est-ce que tu as fait hier?** – Das passé composé

passé

### 1. Das passé composé mit *avoir*

Pour son anniversaire, Emma **a eu** un portable.

|  |  |  |
|---|---|---|
| J' | ai | |
| Tu | as | |
| Il / Elle / On | a | **préparé** un |
| Nous | avons | pique-nique. |
| Vous | avez | |
| Ils / Elles | ont | |

avoir   + participe passé

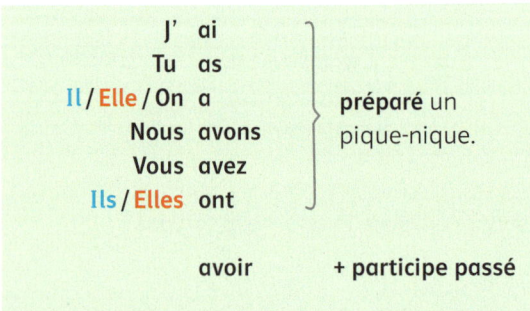

Super! **J'ai reçu** un nouveau portable pour mon anniversaire.

*Die meisten Verben bilden das* **passé composé** *mit* **avoir + participe passé.**

*Die Verneinung des* **passé composé** *findest du in* → **G24**.

| avoir → j'ai eu | j'ai perdu | j'ai lu | j'ai pris | j'ai fait | j'ai ouvert |
|---|---|---|---|---|---|
| être → j'ai été | j'ai vendu | j'ai reçu | j'ai mis | j'ai dit | j'ai offert |

*Weitere Formen findest du in der Konjugationstabelle* → **G35**.

- *Das* **passé composé** *verwendest du, um über* ***Ereignisse*** *oder* ***Handlungen*** *zu sprechen, die* ***vergangen*** *sind. Typische* ***Signalwörter*** *bei aufeinander folgenden Ereignissen (Ereigniskette) sind:*
  **d'abord ... ensuite ... puis ... tout à coup ...**
- *Die meisten Verben bilden das* **passé composé** *mit* **avoir**.
- *Das* **passé composé** *(„zusammengesetzte Vergangenheit") setzt sich aus zwei Elementen zusammen:*
  J' **ai**     achet**é**.
    **avoir + participe passé**
- *Die Verben auf* **-er** *bilden das* participe passé *auf* **-é** *(regard**er** – j'**ai** regard**é**)*
- *Bei der* ***Verneinung*** *des* **passé composé** *umklammern* **ne** *und* **pas** *die Form von* **avoir**.

### 2. Das passé composé mit *être*

Dimanche matin, Lina et Emma **sont allées** à un lac en VTT.
A midi, Farid et Théo **sont arrivés**.
Emma **est allée** dans l'eau.
Les autres **sont restés** sur la plage.

*Einige wenige Verben bilden das* **passé composé** *mit* **être + participe passé:** aller, arriver, entrer, rentrer, rester, monter, tomber, partir, sortir, venir.
*Bei diesen Verben wird das* **participe passé** *an das Subjekt* ***angepasst.***

→

je **suis** allé
tu **es** allé
il **est** allé

on **est** allés

nous **sommes** allés
vous **êtes** allés
ils **sont** allés

je **suis** allée
tu **es** allée
elle **est** allée

on **est** allées

nous **sommes** allées
vous **êtes** allées
elles **sont** allées

Wenn das **participe passé** mit **être** gebildet wird, muss man es an das **Subjekt** angleichen:

Subjekt = eine **männliche** Person / ein **männlicher** Gegenstand → –
Subjekt = eine **weibliche** Person / ein **weiblicher** Gegenstand → **-e**
Subjekt = mehrere **männliche** Personen / mehrere **männliche** Gegenstände → **-s**
Subjekt = mehrere **weibliche** Personen / mehrere **weibliche** Gegenstände → **-es**

## G13 C'était super! – Das imparfait → **Leçon 2**

En vacances, **je faisais** du vélo tous les jours. Comme **il faisait** beau, **j'allais** souvent à la mer avec les copains. Sur la plage, **on jouait** au beach-volley. **Il y avait** une super ambiance. **C'était** génial.

| jouer *spielen* | |
|---|---|
| Je jou**ais** | |
| Tu jou**ais** | |
| Il / **Elle** / On jou**ait** | au beach-volley. |
| **nous** jou**ions** | |
| **vous** jou**iez** | |
| Ils / **Elles** jou**aient** | |

- *Das **imparfait** ist eine Zeitform der* **Vergangenheit**, *die du verwendest,*
  – *um **Zustände** und **Gefühle** zu schildern,*
  – *um **Gewohnheiten** oder **wiederholte Handlungen** zu beschreiben.*
- *Typische **Signalwörter** sind:*

  **souvent, tous les jours, tous les samedis . . .**

- *Das **imparfait** wird von der 1. Pers Pl. Präsens abgeleitet:* nous av-**ons** → nous av-**ions**
  nous fais-**ons** → nous fais-**ions**

*Endungen:*
**-ais**, **-ais**, **-ait**, **-ions**, **-iez**, **-aient**

# Grammaire

**G14**   **Ils sont allés au lac. C'était super!** – Passé composé und imparfait → **Leçon 2**

Hier, Emma et Lina **sont allées** au lac à vélo.
Il **faisait** très chaud.
Emma **est allée** dans l'eau.
Mais l'eau **était** froide,
alors elle **est** vite **sortie**.
Ensuite, les deux copines **ont fait** du badminton.
Tout à coup, il **a commencé** à pleuvoir.
Alors, elles **ont** vite **rangé** leurs affaires.

→   action → **passé composé**

→   situation → **imparfait**

**Imparfait** – *Hintergrund, Zustand, Gewohnheit*

- *Das* **imparfait** *wird gebraucht, um erklärende und erläuternde Informationen zur Handlung zu geben (= Hintergrund, der die Begleitumstände eines Ereignisses oder einer Handlung näher beschreibt).*

  *Was war damals?*
  *Wie war die Situation, die Stimmung?*
  *Was geschah häufig oder regelmäßig?*

- *Signalwörter:*
  toujours, tous les matins, tous les soirs, souvent, chaque matin / soir …

**Passé composé** – *Handlung*

- *Das* **passé composé** *wird gebraucht, um einmalige Handlungen und Ereignisse in der Vergangenheit zu erzählen (= Ereignisse und Handlungen, die im Vordergrund ablaufen).*

  *Was geschah dann? Und anschließend?*
  *Was passierte plötzlich?*

- *Signalwörter:*
  d'abord, puis, enfin, tout à coup, ensuite, un jour, ce matin / soir, cette fois …

Hier kannst du das **Imparfait** und das **Passé composé** *üben. Die Lösungen findest du auf S. 74.*

### Alles klar? – Du bist dran!

**1 Kader et son grand-père** → Du kannst diese Aufgabe nach Leçon 2 bearbeiten.
Mets les verbes à **l'imparfait.** Ecris les phrases dans ton cahier.

1. *Kader:* Où est-ce que tu ■ *(habiter)* quand tu ■ *(être)* jeune?
2. *Grand-père:* On ■ *(vivre)* à la campagne. Mes parents ■ *(avoir)* une maison.
3. *Kader:* Pourquoi est-ce que toi et ton frère, vous ■ *(vouloir)* partir en France?
4. *Grand-père:* Nous n'■ *(avoir)* pas de travail. Alors, on a quitté notre famille pour s'installer en France. On ■ *(vouloir)* gagner de l'argent.

**2 Didier et Soraya** → Du kannst diese Aufgabe nach Leçon 2 bearbeiten.
Mets les verbes à **l'imparfait** ou au **passé composé.** Ecris le texte dans ton cahier.

Didier ■ (être) à Paris depuis deux jours. Il ■ *(avoir)* une chambre dans une auberge de jeunesse. Tous les matins, il ■ *(prendre)* son petit-déjeuner au café près de l'auberge. Un jour, il y ■ *(rencontrer)* Soraya, une jeune fille du Sénégal. D'abord, il ■ *(discuter)* avec elle. Puis, ils ■ *(aller)* au Sacré-Cœur. Il ■ *(faire)* chaud ce jour-là. Alors, ils ■ *(manger)* une glace. Ensuite, Soraya ■ *(aller)* à la fête interculturelle. Elle ■ *(inviter)* Didier à venir avec elle.

**\*G15**  J'avais oublié de réserver des places. – Das plus-que-parfait  → **Passerelle 2**

**Avant d'aller** au cinéma,

| | | |
|---|---|---|
| j' | avais | |
| tu | avais | |
| il/elle/on | avait | **regardé** le programme. |
| nous | avions | **lu** les critiques. |
| vous | aviez | **réservé** des places. |
| ils/elles | avaient | |

| | | |
|---|---|---|
| j' étais | | |
| tu étais | **allé** | |
| il/elle était | **allée** | **au restaurant.** |
| on était | | |
| nous étions | **allés** | |
| vous étiez | **allées** | **dans un café.** |
| ils/elles étaient | | |

- *Mit dem* **plus-que-parfait** *beschreibst du ein Geschehen, das zeitlich* **vor** *einem anderen Geschehen* **in der Vergangenheit** *liegt.*
- *Das* **plus-que-parfait** *bildest du mit der* **Imparfait**-*Form von* **avoir** *bzw.* **être** *und dem* **participe passé.**

*Hier kannst du das* **Plus-que-parfait** *üben. Die Lösungen findest du auf S. 74.*

## Alles klar? – Du bist dran!

**\*1 Le Mémorial ACTe**  → Du kannst diese Aufgabe nach Passerelle 2 bearbeiten.
Fais des phrases au **plus-que-parfait.** Ecris les phrases dans ton cahier.

Hier, le Mémorial ACTe a ouvert ses portes au public *(für Besucher).*
Un jour avant:

1. Le président de la République – inaugurer – le Mémorial ACTe.
2. Trente chefs d'Etats – venir – pour la cérémonie.
3. Les hommes politiques – visiter – les salles d'exposition.
4. Après, quelques visiteurs officiels – aussi passer – devant les sculptures.
5. Une jeune fille – raconter – qu'on comprenait bien l'histoire de l'esclavage grâce à *(dank)* ce musée.
6. Seule critique: Le mémorial – coûter – 83 millions d'euros.

## G16 Qu'est-ce que tu vas faire demain? – Das futur composé

futur →

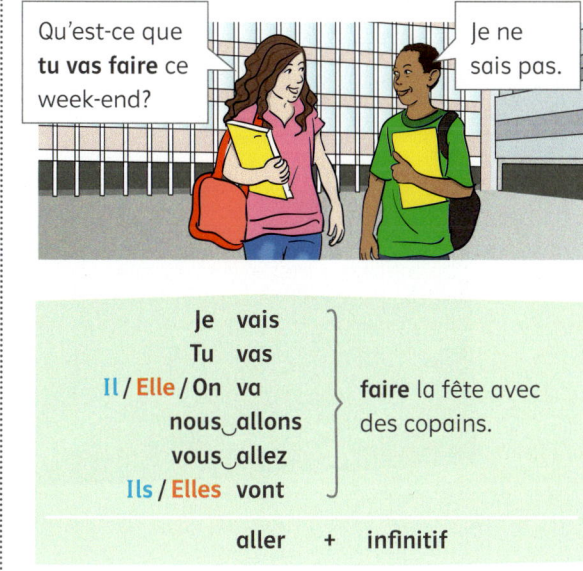

Qu'est-ce que **tu vas faire** ce week-end?

Je ne sais pas.

| | | |
|---|---|---|
| Je | vais | |
| Tu | vas | |
| Il / **Elle** / On | va | **faire** la fête avec des copains. |
| nous‿allons | | |
| vous‿allez | | |
| **Ils** / **Elles** | vont | |

aller + infinitif

- Das **futur composé** („zusammengesetzte Zukunft") setzt sich aus zwei Elementen zusammen: Je vais chatt**er**.
  **aller** + **Infinitiv**
- Mit dem **futur composé** drückt man aus, was in der nahen Zukunft geschieht, was man demnächst vorhat.
- Bei der **Verneinung** des **futur composé** umklammern **ne** und **pas** die Form von **aller**.

*Die **Verneinung** des **futur composé** findest du in → **G24**.*

## G17 Il fera beau – Das futur simple → **Leçon 1**

| | | |
|---|---|---|
| Je | prend**rai** | |
| Tu | prend**ras** | |
| Il / **Elle** / On | prend**ra** | des photos. |
| **Nous** | prend**rons** | |
| **Vous** | prend**rez** | |
| Ils / **Elles** | prend**ront** | |

**Endungen:**
**-ai**, **-as**, **a**, **-ons**, **-ez**, **-ont**

- *Handlungen, die in der Zukunft stattfinden, kannst du im Französischen nicht nur durch das* futur composé *(zusammengesetzte Zukunft), sondern auch durch das* **futur simple** *(einfache Zukunft) ausdrücken.*
- *Das* **futur simple** *bezeichnet eher die* **ferne Zukunft** *bzw. die Zukunft, die von der Gegenwart losgelöst ist (z. B.: demain, l'année prochaine, dans deux mois etc.).*
- *Das* **futur simple** *wird bei regelmäßigen Verben vom Infinitiv abgeleitet. Da es aber viele* **Besonderheiten** *gibt, solltest du in der Konjugationstabelle nachschlagen.*
- *Das* **futur simple** *verwendet man eher* **in der geschriebenen** *oder in der* **offiziellen Sprache**, *z. B. im Wetterbericht. In der* **gesprochenen Sprache** *werden sowohl das* futur composé *als auch das* **futur simple** *verwendet.*

**Unregelmäßige Verben**

| avoir | être | faire | aller | venir |
|---|---|---|---|---|
| il aura | elle sera | on fera | elle ira | il viendra |

*Weitere Formen findest du in der Konjugationstabelle → **G35**.*

## Alles klar? – Du bist dran!

*Hier kannst du das **Futur simple** üben. Die Lösungen findest du auf S. 74.*

### 1 Les vacances → Du kannst diese Aufgabe nach Leçon 1 bearbeiten.

Mets les verbes au **futur simple.** Ecris le texte dans ton cahier.

Où est-ce que les jeunes touristes ■ *(passer)* leurs vacances?
*Noah:* Qu'est-ce que vous ■ *(faire)*?
*Marcel:* Je ■ *(visiter)* la capitale, Pointe-à-Pitre.
Et toi, Noah, tu ■ *(faire)* de la plongée?
*Noah:* Oui, j'en ■ *(faire)*. Il y a un beau récif de corail.
*Nicole et Céline:* Nous ■ *(aller)* aux fêtes créoles et
on ■ *(écouter)* le Gwoka. Vous ■ *(danser)* avec nous?
*Mehdi:* Bien sûr. Et puis, j'adore les desserts.
Alors, je ■ *(manger)* des verrines et du flan coco.
**Solution:** Les touristes iront en ■.

---

## G18 Je voudrais … – Das conditionnel → Leçon 3

- *Mit dem **conditionnel** kannst du einen **Wunsch**, eine **Möglichkeit**, eine **Vermutung** oder einen **Ratschlag** ausdrücken.*
- ***Bildung:***
  *Das **conditionnel** wird bei regelmäßigen Verben vom Infinitiv abgeleitet. Da es aber viele Besonderheiten gibt, solltest du in der Konjugationstabelle nachschlagen.*
- *Das **conditionnel** hat dieselben Endungen wie das **imparfait**.*

*Endungen:*
-ais, -ais, -ait, -ions, -iez, -aient

| Je | voud**r**ais | |
|---|---|---|
| Tu | voud**r**ais | |
| Il / Elle / On | voud**r**ait | partir loin. |
| Nous | voud**r**ions | |
| Vous | voud**r**iez | |
| Ils / Elles | voud**r**aient | |

| J' | aim**er**ais | |
|---|---|---|
| Tu | aim**er**ais | |
| Il / Elle / On | aim**er**ait | aller à la mer. |
| Nous | aim**er**ions | |
| Vous | aim**er**iez | |
| Ils / Elles | aim**er**aient | |

## Alles klar? – Du bist dran!

*Hier kannst du das **Conditionnel** üben.*
*Die Lösungen findest du auf S. 74.*

**1 Vivre comme un roi** → Du kannst diese Aufgabe nach Leçon 3 bearbeiten.

Mets les verbes au **conditionnel.** Ecris le texte dans ton cahier.

J'■ *(aimer)* vivre comme Louis XIV. Et toi, tu ■ *(être)* ma reine.
Nous ■ *(se lever)* quand on ■ *(vouloir).* Les valets nous ■
*(habiller)* et ■ *(maquiller).* Pour le déjeuner, il y ■ *(avoir)* cinq ou
six plats. Ensuite, je ■ *(partir)* à la chasse. Le soir, nous ■ *(faire)*
une partie de billard. Puis, tu ■ *(assister)* à un spectacle dans
notre théâtre, pendant que moi, je ■ *(dormir).* Ce ■ *(être)* une
vie de rêve.

## G19    Il faut que tu partes – Der subjonctif → **Leçon 4**

*Nach diesen Ausdrücken **muss immer** der **subjonctif** stehen:*

Je voudrais que / qu'on ...
J'aimerais que / qu'on ...
Je préfère que / qu'on ...

Il faut que / qu'on ...
Il est important que / qu'on ...
Je propose que / qu'on ...

Il faut que j'aille chez le coiffeur.

|  | **partir** |
|---|---|
| Il faut | que je part**e**. |
| | que tu part**es**. |
| | qu'il / elle / on part**e**. |
| | que nous part**ions**. |
| | que vous part**iez**. |
| | qu'ils / elles part**ent**. |

*Endungen:*
**-e**, **-es**, **-e**, **-ions**, **-iez**, **-ent**

**Unregelmäßige Verben!**

– **Il faut que j'aille** chez le médecin.
– **Il est important que tu sois** à l'heure.

→

| avoir | être | aller | faire | prendre |
|-------|------|-------|-------|---------|
| j'aie | je sois | j'aille | je fasse | je prenne |
| tu aies | tu sois | tu ailles | tu fasses | tu prennes |
| il / elle / on ait | il / elle / on soit | il / elle / on aille | il / elle / on fasse | il / elle / on prenne |
| nous ayons | nous soyons | nous allions | nous fassions | nous prenions |
| vous ayez | vous soyez | vous alliez | vous fassiez | vous preniez |
| ils / elles aient | ils / elles soient | ils / elles aillent | ils / elles fassent | ils / elles prennent |

*Weitere Formen findest du in der Konjugationstabelle → **G35**.*

- *Ausgangsform für die **Bildung** des **subjonctifs** ist der Stamm der 3. Person Plural Präsens der Verben. An den **Stamm der Verben** werden die Endungen **-e, -es, -e, ions, -iez, -ent** angehängt.*
  ***ils partent** → il faut que **je parte***
- *Der **subjonctif**-Satz (Nebensatz) wird immer mit **que** oder **qu'** eingeleitet.*
- *Der **subjonctif** steht nach Verben oder Ausdrücken, die **Willensäußerungen**, **Notwendigkeiten** und **Gefühle** bezeichnen.*

*Hier kannst du den **Subjonctif** üben. Die Lösungen findest du auf S. 75.*

## Alles klar? – Du bist dran!

**1 Qu'est-ce qu'il faut faire à Strasbourg?** → Du kannst diese Aufgabe nach Leçon 4 bearbeiten.
Trouve les phrases qui vont ensemble et écris-les dans ton cahier.

Il faut que / qu'

1. j' ◯ — ◯ **prenne** le tram pour aller au centre-ville.

2. tu ◯ — ◯ **trouvent** l'office de tourisme.

3. elle ◯ — ◯ **soyons** à l'heure au Parlement européen.

4. nous ◯ — ◯ **achète** des souvenirs.

5. vous ◯ — ◯ **visites** la cathédrale.

6. ils ◯ — ◯ **alliez** à la Petite France.

**2 Que dit le prof?** → Du kannst diese Aufgabe nach Leçon 4 bearbeiten.

Les élèves feront une excursion. Leur prof fait des propositions. Mets les verbes au **subjonctif** et écris les phrases dans ton cahier..

Je propose que vous ■ *(être)* à 7 heures à la gare.

Je préfère que nous ■ *(faire)* la balade à vélo ensemble.

Mais, j'aimerais que les garçons ■ *(attendre)* les filles.

Je voudrais qu'on ■ *(aller)* au Parlement l'après-midi.

Enfin, je préfère que vous ■ *(faire)* les courses après la visite.

## G20 Ecoutez – Der Imperativ

*Mit dem Imperativ kannst du jemanden* **auffordern**, *etwas zu tun oder zu lassen, oder einen* **Vorschlag machen.**

Excusez-moi.

Ne **fermez** pas la porte.

**Prenons** le bus.

**Laisse**-moi!

**Passe**-moi le pain.

**Donne**-moi l'assiette.

Ecout**e**.

Ecout**ez**.

Ecout**ons**.

**Vergleiche:**

Regardez les photos.
Regardez-les.
**Ne** regardez **pas** les photos.
**Ne** les regardez **pas.**

Montre-lui les photos.
Montre-les-lui.
**Ne** lui montre **pas** les photos.
**Ne** les lui montre **pas.**

*Weitere Formen findest du in der Konjugationstabelle* → **G35**.

- *Der* **Imperativ** *drückt einen Befehl oder eine Aufforderung aus.*
- *Der* **Imperativ Singular** *hat die gleiche Form wie die 1. Person Singular (j'écout**e**. – Ecout**e**.)*
- *Der* **Imperativ Plural** *hat die gleiche Form wie die 2. Person Plural (vous écout**ez**. – Ecout**ez**.) oder, wenn die Aufforderungs an alle gerichtet ist, die gleiche Form wie die 1. Person Plural (nous écout**ons** – Ecout**ons**.)*

## G21 Verben mit Infinitivergänzung

| | |
|---|---|
| – Qu'est-ce que **vous aimeriez faire**? | – Was möchtet ihr machen? |
| – **J'ai envie de faire** une balade à vélo. | – Ich habe Lust auf eine Fahrradtour. |
| – Moi, **je préfère aller** à la piscine. | – Ich möchte lieber ins Schwimmbad gehen. |
| – Regardez, **il commence à pleuvoir**. **Je propose d'aller** au cinéma. | – Seht mal, es fängt an zu regnen. Ich schlage vor, ins Kino zu gehen. |
| – **Je dois rentrer** à dix heures. | – Ich muss um 10 Uhr zu Hause sein. |
| – **Tu sais jouer** de la guitare? | – Kannst du Gitarre spielen? |
| – Non, mais **je veux apprendre**. | – Nein, aber ich möchte es lernen. |
| – Je n'**arrive** pas **à réparer** mon vélo. **Tu peux** m'**aider**? | – Es gelingt mir nicht, mein Fahrrad zu reparieren. Kannst du mir helfen? |
| – **Laisse**-moi **faire**. | – Lass mich mal machen. |
| – C'est un humoriste, **il fait rire** tout le monde. **On va essayer d'avoir** des bonnes places. | – Er ist ein Komiker, er bringt alle zum Lachen. Wir werden versuchen, gute Plätze zu bekommen. |
| – **Il est permis de prendre** des photos? | – Ist es erlaubt zu fotografieren? |
| – Non. | – Nein. |

| | | | | | |
|---|---|---|---|---|---|
| aimer préférer devoir pouvoir savoir vouloir faire laisser | **+ infinitif** | avoir envie **de** essayer **de** permettre **de** proposer **de** | **+ infinitif** | arriver **à** commencer **à** | **+ infinitif** |

Im Französischen kannst du an ein Verb einen **Infinitiv** anhängen, um Handlungen und Tätigkeiten auszudrücken.

- An die Verben **aimer**, **vouloir**, **pouvoir**, **devoir**, **savoir** und **préférer** kann man den Infinitiv **direkt** anhängen. Die **Wortfolge** in diesen Infinitivsätzen ist:

| Je | veux | apprendre | le français. |
|---|---|---|---|
| *Subjekt* | + *vouloir* + | *Infinitiv* | + *Objekt* |

- Bei den Verben und Ausdrücken **commencer à (faire qc)**, **avoir envie de**, **proposer de (faire qc)**, **arriver à (faire qc)** musst du den Infinitiv mit der **Präposition à** oder **de** anschließen.

## *G22 En attendant – Das gérondif → Passerelle 1

Il regarde la télévision **en mangeant** des cacahouètes.

J'apprends l'anglais **en lisant** des textes ou **en regardant** des films.

nous regardons → **en** regard**ant**
nous lisons → **en** lis**ant**
nous mangeons → **en** mange**ant**

*Das* **gérondif** *wird so gebildet:*
- *Ableitung von der* **1. Person Plural Präsens.**
- *An den Stamm der 1. Person Plural Präsens wird die Endung* **-ant** *angehängt.*
- *Vor der Verbform auf* **-ant** *steht die* **Präposition en.**
- *Das* **gérondif** *ist unveränderlich.*

*Mit dem* **gérondif** *kannst du:*
- *die Gleichzeitigkeit zweier Handlungen ausdrücken*
- *die Art und Weise eines Vorgangs / Geschehens ausdrücken*

*Das* **gérondif** *kann nur stehen, wenn Haupt- und Nebensatz das* **gleiche Subjekt** *haben.*

## Alles klar? – Du bist dran!

*Hier kannst du das* **Gérondif** *üben.*
*Die Lösungen findest du auf S. 75.*

### *1 Elle mange en marchant → Du kannst diese Aufgabe nach Passerelle 1 bearbeiten.

Fais des phrases en utilisant le **gérondif.** Ecris les phrases dans ton cahier.

a  Qu'est-ce que Lore fait en même temps?
  1. Elle téléphone et elle fait du vélo.
  2. Elle mange et elle regarde la télé.
  3. Elle chatte et elle écoute la musique.

b  Comment est-ce que Lilian apprend l'allemand?
  1. chanter
  2. lire des livres
  3. écrire des SMS à sa corres allemande

**\*G23    Elles sont en train de faire du sport.** → **Passerelle 2**

**Elle sont en train de** faire du jogging.

*Mit der Wendung **être en train de faire qc** drückst du aus, was jemand gerade macht oder was gerade geschieht.*

**Elles viennent de** faire du jogging.

*Mit der Wendung **venir de faire qc** drückst du aus, was jemand gerade gemacht hat oder was gerade geschehen ist.*

*Hier kannst du **être en train de faire qc** üben. Die Lösungen findest du auf S. 75.*

## Alles klar? – Du bist dran!

**\*1 On est en train de danser.**    → Du kannst diese Aufgabe nach Passerelle 2 bearbeiten.

Regarde les dessins/photos. Fais des phrases en utilisant **être en train de faire qc.** Ecris dans ton cahier.

1. tout le monde – manger

2. les gens – ranger

3. je – préparer du matété

4. nous – faire de la musique

### Die Verneinung

**G24**  **Non, je ne veux pas –** Die Verneinung in verschiedenen Zeiten

*Auf eine verneinte Frage antwortest du mit «si».*

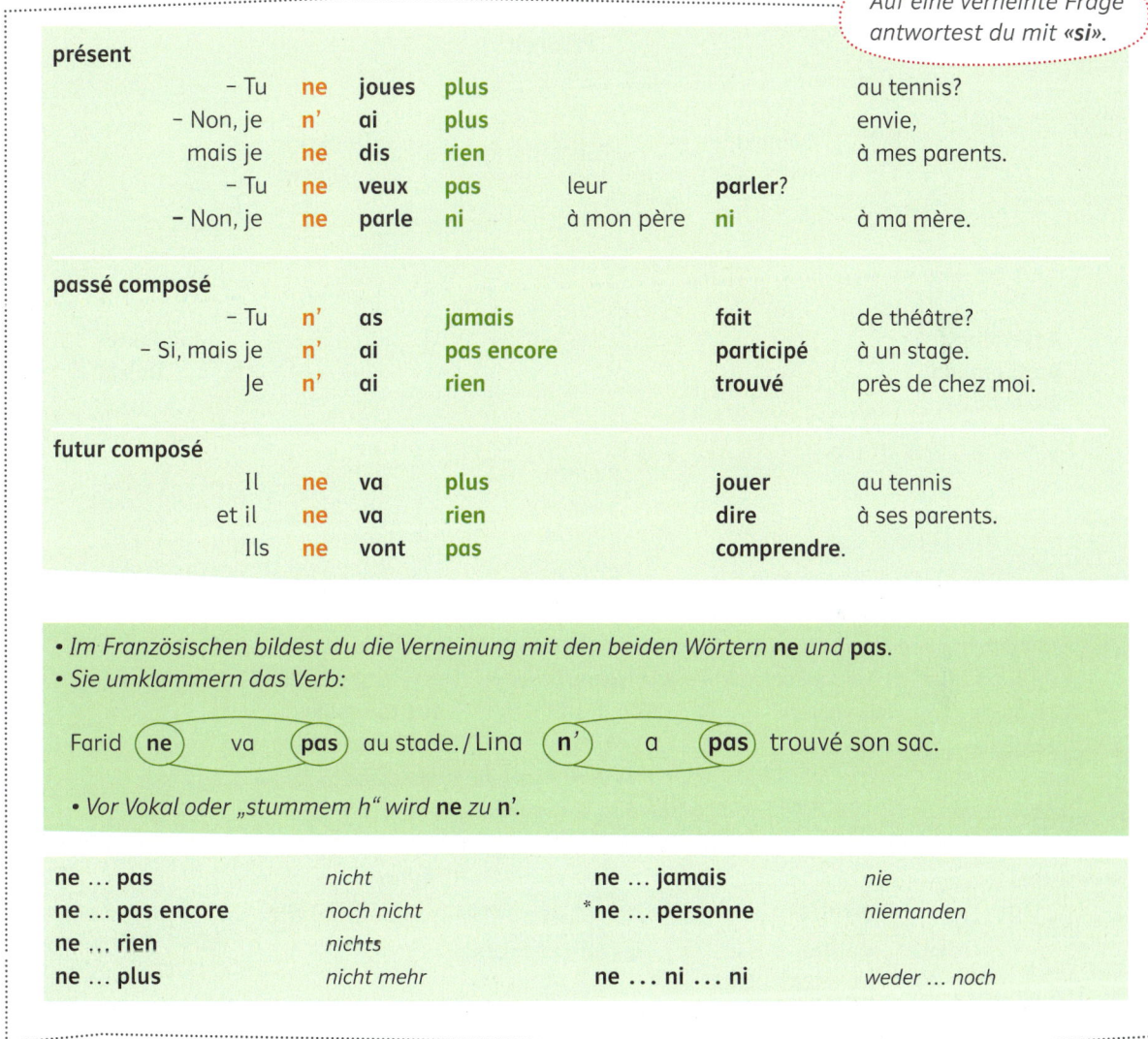

**présent**

| | | | | | | |
|---|---|---|---|---|---|---|
| – Tu | ne | joues | plus | | | au tennis? |
| – Non, je | n' | ai | plus | | | envie, |
| mais je | ne | dis | rien | | | à mes parents. |
| – Tu | ne | veux | pas | leur | parler? | |
| – Non, je | ne | parle | ni | à mon père | ni | à ma mère. |

**passé composé**

| | | | | | |
|---|---|---|---|---|---|
| – Tu | n' | as | jamais | fait | de théâtre? |
| – Si, mais je | n' | ai | pas encore | participé | à un stage. |
| Je | n' | ai | rien | trouvé | près de chez moi. |

**futur composé**

| | | | | | |
|---|---|---|---|---|---|
| Il | ne | va | plus | jouer | au tennis |
| et il | ne | va | rien | dire | à ses parents. |
| Ils | ne | vont | pas | comprendre. | |

• *Im Französischen bildest du die Verneinung mit den beiden Wörtern* **ne** *und* **pas**.
• *Sie umklammern das Verb:*

Farid (**ne**) va (**pas**) au stade. / Lina (**n'**) a (**pas**) trouvé son sac.

• *Vor Vokal oder „stummem h" wird* **ne** *zu* **n'**.

| | | | |
|---|---|---|---|
| **ne … pas** | *nicht* | **ne … jamais** | *nie* |
| **ne … pas encore** | *noch nicht* | *\*ne … personne* | *niemanden* |
| **ne … rien** | *nichts* | | |
| **ne … plus** | *nicht mehr* | **ne … ni … ni** | *weder … noch* |

## Der Satz

### G25 Der einfache Satz

**Prädikat**

| Adverbiale Bestimmung *Wann? / Wo* | **Subjekt** *Wer?* | | **Direktes Objekt** *Was? / Wen?* | **Indirektes Objekt** *Wem?* |
|---|---|---|---|---|
| | Le guide | montre | le château. | |
| | Le guide | montre | le château | aux touristes. |
| Dimanche, | le guide | montre | le château | aux touristes. |
| A Versailles, | le guide | montre | le château | aux touristes. |

- *Mit einem **einfachen Satz** (Aussagesatz) beschreibt man eine Handlung oder stellt eine Tatsache fest.*
- *Im **französischen Aussagesatz** ist die **Wortfolge**: Subjekt – Verb – Objekt (SVO)*

| **Le guide** | **fait visiter** | **la galerie des Glaces** | **aux touristes.** |
|---|---|---|---|
| *Subjekt +* | *Verb +* | *direktes Objekt +* | *indirektes Objekt* |

- *Das* **direkte Objekt** *steht **direkt nach dem Verb**, das* **indirekte Objekt** *folgt darauf.*
  *Es wird immer mit der **Präposition à (au, à la, à l', aux)** angeschlossen.*

---

| Le guide | montre | la galerie des Glaces | aux touristes. | |
|---|---|---|---|---|
| Il | leur montre aussi | les autres salles. | | |
| Les touristes les trouvent belles. | | | | |

***Objektpronomen** stehen **vor dem Verb**.*

| Le guide | veut montrer | le parc | | aux touristes. |
|---|---|---|---|---|
| Il | va leur montrer | les fontaines. | | |

***In Infinitivsätzen** stehen die Pronomen **vor dem Infinitiv**.*

| Les touristes | vont | dans les jardins. |
|---|---|---|
| Ils | y prennent | des photos. |

*Die Pronomen **y** und **en** stehen **vor dem Verb**.*

| Les touristes | ont aimé | l'orangerie. |
|---|---|---|
| Ils | en viennent | juste maintenant. |

## G26 Der komplexe Satz → Leçon 2

| | | |
|---|---|---|
| Elle est française **et** elle vit en France. | **et** | *und* |
| Elle est née de parents immigrés, **mais** elle est française. | **mais** | *aber* |
| **Quand** un enfant naît en France, il a le droit de devenir français. | **quand / lorsque** | *wenn* |
| Elle est française **parce qu'**elle est née en France. | **parce que** | *weil* |
| Il se sent plus français que turc **car** il vit en France depuis longtemps. | **car** | *denn* |
| **Comme** il a eu un grave accident, il ne peut plus utiliser son bras droit. | **comme** | *da* |
| **Quand** il était petit, il jouait devant les immeubles avec ses copains. | **quand** | *als* |
| **Si** tu pouvais choisir, tu vivrais dans quel pays? | **si** | *falls* |

*Ein **einfacher Satz** kann durch einen anderen Satz **(Nebensatz) erweitert** werden.*
*Dieser wird oft durch eine **Konjunktion eingeleitet:** et, mais, quand, parce que …*

*Um zwei Hauptsätze oder einen Haupt- und Nebensatz miteinander zu verbinden, benutzt man eine **Konjunktion** oder ein **Relativpronomen**.*

## G27 Der Relativsatz → Leçon 1

| | |
|---|---|
| La Guadeloupe est une île. **Elle** se trouve dans l'océan Atlantique. | |
| ↓ | |
| La Guadeloupe est une île **qui** se trouve dans l'océan Atlantique. | **qui** |
| *… eine Insel, **die** sich im Atlantischen Ozean befindet.* | |
| La Guadeloupe est une île. **En Guadeloupe** on cultive des bananes. | |
| ↓ | |
| La Guadeloupe est une île **où** on cultive des bananes. | **où** |
| *… eine Insel, **auf der / wo** man Bananen anpflanzt.* | |
| La mangrove est une forêt. Les touristes peuvent visiter **la mangrove** en bateau. | |
| La mangrove est une forêt **que** les touristes peuvent visiter en bateau. | *****que** |
| *… ein Wald, **den** die Touristen vom Boot aus besichtigen können.* | |
| Les Antilles sont des îles tropicales. On a parlé **de ces îles** hier à la radio. | |
| ↓ | |
| Les Antilles sont des îles tropicales **dont** on a parlé hier à la radio. | *****dont** |
| *… tropische Inseln, **über die** gestern im Radio gesprochen wurde.* | |

→

- *Ein **Relativsatz** gibt **nähere Informationen** zu einer **Person, Sache** oder einem **Ort.***
- *Er wird durch die **Relativpronomen** **qui, que, où** oder **dont** eingeleitet.*
- ***qui** bezieht sich auf Personen oder Sachen und ist immer **Subjekt** des Relativsatzes. Auf **qui** folgt direkt das Verb.*
- ***que** bezieht sich auf Personen oder Sachen und ist immer **Objekt** des Relativsatzes.*
- ***où** steht für eine Ortsangabe.*
- ***dont** bezieht sich auf Personen und Sachen und vertritt eine Ergänzung, die mit der Präposition **de** eingeleitet wird.*

### G28   *si*-Sätze   → Leçon 1 / Leçon 2

**1. Erfüllbare Bedingung**

| | | E |
|---|---|---|
| **Si** on **va** en Guadeloupe, | on **visitera** la mangrove. | *Vergleiche:* |
| **Si + présent** | **futur simple** | If we **go** to Guadeloupe, we **will visit** the mangrove. |

**2. Nicht erfüllbare Bedingung**

| | | |
|---|---|---|
| **Si** Louis XIV **vivait** aujourd'hui, | il n'**aurait** pas de château. | If Louis XIV **lived** today, he **wouldn't have** a palace. |
| **Si + imparfait** | **conditionnel** | |

- *Mit einem **si-Satz** kannst du eine Bedingung ausdrücken, die erfüllbar oder nicht erfüllbar ist.*
- *Bei der erfüllbaren Bedingung steht der **si-Satz** im **présent**, im Hauptsatz steht das **futur simple**.*
- *Bei der nicht erfüllbaren Bedingung steht der **si-Satz** im **imparfait**, im Hauptsatz steht das **conditionnel**.*

**Alles klar? – Du bist dran!**

*Hier kannst du verschiedene **Sätze** üben. Die Lösungen findest du auf S. 75.*

## 1 La fête interculturelle → Du kannst diese Aufgabe nach Leçon 2 bearbeiten.

Complète les phrases avec les conjonctions suivantes. Ecris le texte dans ton cahier.

 et   mais   quand  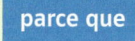 parce que   car   comme

A la fête interculturelle, il y avait un grand buffet ■ un spectacle. L'ambiance était super ■ il y avait de la musique et de la danse. Tout à coup, il a commencé à pleuvoir ■ les gens sont quand même restés. Mais après, ■ il pleuvait beaucoup, les musiciens ont rangé leurs instruments. ■ le soleil est revenu, la fête a continué. La fête aura lieu encore l'année prochaine ■ tout le monde trouve que c'est génial.

## 2 Si tu aimes la plongée … → Du kannst diese Aufgabe nach Leçon 1 bearbeiten.

Complète les phrases et écris-les dans ton cahier.

1. Si je vais en Martinique, je ■ *(visiter)* la capitale.
2. Si tu ■ *(aimer)* la plongée, tu pourras aller en Guadeloupe.
3. S'il pleut demain, on ■ *(aller)* au musée.
4. Si nous ■ *(prendre)* le tram, nous serons à l'heure.
5. Si vous passez un an en Italie, vous ■ *(apprendre)* bien la langue.
6. Si elles ■ *(faire)* de la musique, elles joueront du tambour.

## 3 Si j'étais un roi … → Du kannst diese Aufgabe nach Leçon 2 bearbeiten.

Coche la bonne forme des verbes.

1. Si j'étais un roi, je ferai ☐ / ferais ☐ la fête chaque jour.
2. Si tu gagnes ☐ / gagnais ☐ un million d'euro, est-ce que tu achèterais une grande maison?
3. Si elle a ☐ / avait ☐ le temps aujourd'hui, elle viendra me voir.
4. Si nous pouvions rencontrer Lilian Thuram, nous jouerons ☐ / jouerions ☐ au foot avec lui.
5. Si vous allez en Guadeloupe, vous mangerez ☐ / mangeriez ☐ du matété.
6. S'ils ont ☐ / avaient ☐ six mois de vacances, ils iraient en Martinique.

## G29  Indirekte Rede / Indirekte Frage

**Indirekte Frage**

Vous êtes née en France?

Le journaliste **veut savoir si** Najat Vallaud-Belkacem est née en France.

Vous avez des projets de réforme?

Il **demande si** elle a des projets de réforme.

- *Die **indirekte Frage** kann z.B. mit **vouloir savoir si** (wissen wollen, ob) oder **demander si** (fragen ob) eingeleitet werden:*
- *Vor **il / ils** wird **si** zu **s'** verkürzt. Jedoch **nicht** vor **elle / elles**.*
- ***Est-ce que** entfällt in der indirekten Frage.*

**Indirekte Rede**

Je suis née au Maroc.

Najat Vallaud-Belkacem **dit qu'**elle est née au Maroc.

J'habite en France depuis les années 80.

Elle **raconte qu'**elle habite en France depuis les années 80.

Je veux m'engager pour les jeunes.

Elle **explique qu'**elle veut s'engager pour les jeunes.

- *Im Aussagesatz kann **die indirekte Rede** z.B. mit folgenden Verben eingeleitet werden:*
  **dire que** *(sagen, dass),* **expliquer que** *(erklären, dass) und* **raconter que** *(erzählen, dass)*
- *Die indirekte Rede wird immer mit **que** eingeleitet. Im Französischem steht vor* que **kein Komma.**
- *Vor Vokalen wird **que** zu **qu'** verkürzt.*

## G30 Der Fragesatz

### 1. Frageformen

– **C'est qui?**
*Wer ist das?*

– C'est Louis XIV.

– **Comment est-ce qu'**on l'appelle.
*Wie nennt man ihn?*

– On l'appelle le Roi-Soleil.

– **Quand est-ce qu'**il est né?
*Wann ist er geboren?*

– En 1638.

– **Où est-ce qu'**il a vécu?
*Wo hat er gelebt?*

– Au Louvre, puis au château de Versailles.

– **Pourquoi est-ce qu'**on admire Versailles?
*Warum bewundert man V.?*

– Parce que c'est un château magnifique.

– **Est-ce que** Louis XIV était puissant?
*War Ludwig XIV. mächtig?*

– Oui. C'était le roi le plus puissant d'Europe.

– **A quelle heure est-ce que** le roi se levait le matin?
*Um wie viel Uhr stand der König morgens auf?*

– A 8 heures.

– **Qu'est-ce qu'**il y avait comme menu?
*Was gab es zu essen?*

– Des soupes, des plats de viande et de poisson …

– **Qu'est-ce que** le roi faisait l'après-midi?
*Was machte der König am Nachmittag?*

– Il se promenait dans les jardins.

– **Quel** rôle jouait Lully à la cour?
*Welche Rolle spielte Lully bei Hof?*

– Il composait de la musique pour le roi.

**Verschiedene Formen, eine Frage zu stellen:**

- **Est-ce que vous avez** un plan de la ville?
- **Vous avez** un plan de la ville?
- **Avez-vous** un plan de la ville?

- **Est-ce qu'il habite** à Paris?
- **Il habite** à Paris?
- **Habite-t-il** à Paris?

- *Frage mit* **est-ce que**
- *Intonationsfrage*

- *Inversionsfrage*

- **Est-ce qu'il y a** un parc près d'ici?
- **Il y a** un parc près d'ici?
- **Y a-t-il** un parc près d'ici?

*Bei der* **Inversionsfrage** *steht ein* **Bindestrich** *zwischen Verb und Personalpronomen. Folgen* **zwei Vokale** *aufeinander, muss ein* **-t-** *eingeschoben werden.*

*Vergleiche:*
*Standardsprache:* **Où est-ce que** tu habites?
*Umgangssprache:* Tu habites **où**?
*Gehobene Sprache:* **Où** habites-tu?

- *In der* **gesprochenen und der geschriebenen Sprache** *kann man eine* **Frage** *auch mit der Formel* **est-ce que** *bilden.*
- *Die* **Wortfolge** *bleibt wie im Aussagesatz:* **Est-ce que + Subjekt + Verb + Objekt**
- *Der Frageformel* **est-ce que** *kann auch ein* **Fragewort** *(Pourquoi …, A quelle heure …) vorangestellt werden.*
- *Die Inversionsfrage wird eher in der geschriebenen Sprache verwendet. Das Verb steht vor dem Personalpronomen.*

**2. quel / quelle**

| m. | | f. | |
|---|---|---|---|
| **quel** | Quel rôle jouait Lully à la cour? | **quelle** | Quelle musique aimait Louis XIV? |
| **quels** | Quels vêtements portaient les courtisans? | **quelles** | Quelles robes étaient à la mode au 17ᵉ siècle? |

- *Der **Fragebegleiter** quel steht vor Nomen und bedeutet „welcher, welche, welches".*
- *Er richtet sich in Geschlecht (männlich, weiblich) und Zahl (Singular, Plural) nach dem Nomen, auf das er sich bezieht.*
- *Vor Konsonant werden alle vier Formen gleich ausgesprochen.*
- *Vor Vokal und stummem h wird das -s von* quels *und* quelles *beim Aussprechen als* [z] *gebunden:* quelles‿entreprises? [kɛlzãtʁəpʁiz]

**G31** **Der Infinitivsatz** → **Leçon 4**

| | |
|---|---|
| **Pour aller** à Strasbourg, on peut prendre le train ou le bus.<br>On ne peut pas visiter le Parlement européen **sans réserver** à l'avance. | **Um** nach Straßburg **zu** fahren, …<br>…, **ohne** im voraus **zu** reservieren |

*An die Präpositionen **pour** und **sans** kann man im Französischen ein **Verb** in seiner **Grundform (Infinitiv)** anhängen, um eine Handlung oder Tätigkeit auszudrücken.*

*Hier kannst du den **Infinitivsatz** üben. Die Lösungen findest du auf S. 75.*

## Alles klar? – Du bist dran!

**1 Pour visiter Strasbourg …** → Du kannst diese Aufgabe nach Leçon 4 bearbeiten.
Complète les phrases par **pour** ou **sans** et écris-les dans ton cahier.

1. ■ trouver la Petite France, on peut se renseigner à l'Office de tourisme.
2. Il ne faut pas quitter Strasbourg ■ manger une flammekueche.
3. Il faut une heure et demie ■ faire un tour en bateau sur l'Ill.
4. On ne peut pas visiter le Parlement européen ■ montrer une pièce d'identité (Ausweis) à l'entrée.

## *G32  Der Passivsatz → Passerelle 1

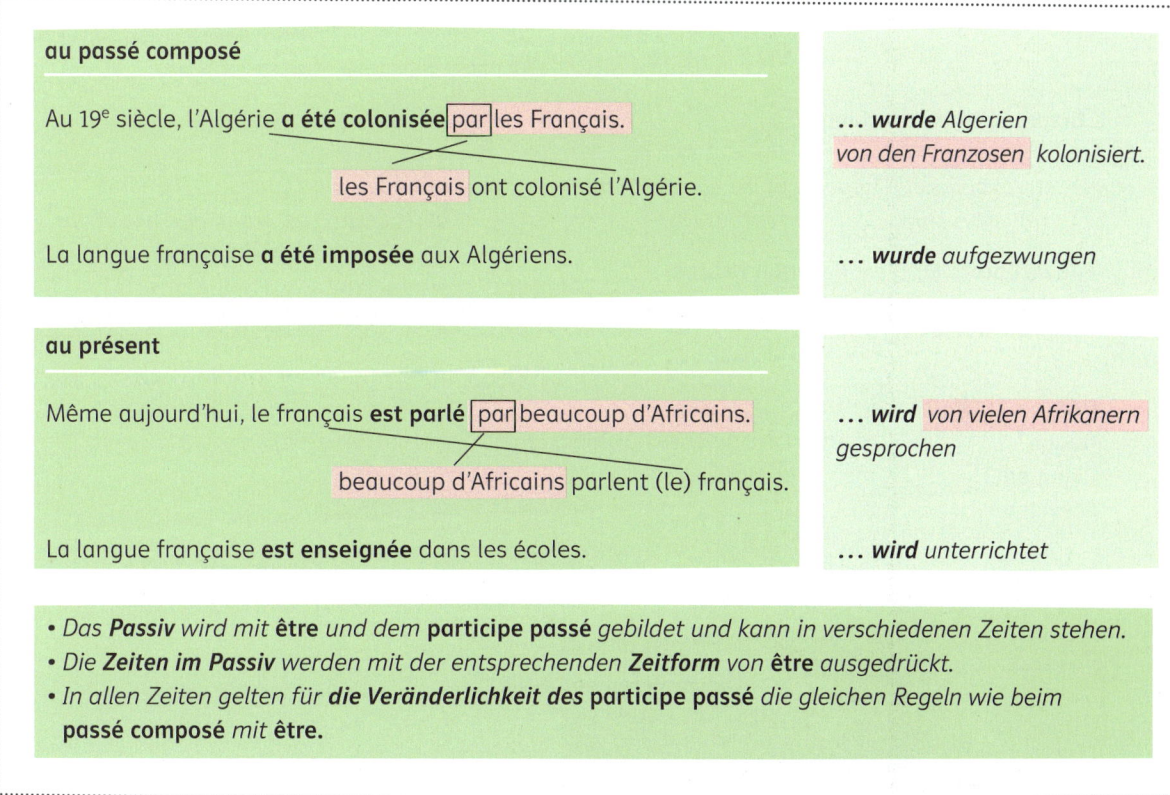

**au passé composé**

Au 19ᵉ siècle, l'Algérie **a été colonisée** par les Français.

les Français ont colonisé l'Algérie.

La langue française **a été imposée** aux Algériens.

… **wurde** Algerien von den Franzosen kolonisiert.

… **wurde** aufgezwungen

**au présent**

Même aujourd'hui, le français **est parlé** par beaucoup d'Africains.

beaucoup d'Africains parlent (le) français.

La langue française **est enseignée** dans les écoles.

… **wird** von vielen Afrikanern gesprochen

… **wird** unterrichtet

- Das **Passiv** wird mit **être** und dem **participe passé** gebildet und kann in verschiedenen Zeiten stehen.
- Die **Zeiten im Passiv** werden mit der entsprechenden **Zeitform** von **être** ausgedrückt.
- In allen Zeiten gelten für **die Veränderlichkeit des** participe passé die gleichen Regeln wie beim **passé composé** mit **être**.

*Hier kannst du den **Passivsatz** üben.*
*Die Lösungen findest du auf S. 75.*

## Alles klar? – Du bist dran!

**\*1 Le français dans le monde**   → Du kannst diese Aufgabe nach Passerelle 1 bearbeiten.
Trouve la fin de la phrase et écris les phrases dans ton cahier.

1. Le français ◯

2. Quelques pays africains ◯

3. Le Liban ◯

4. La canne à sucre et la banane ◯

◯ ont été colonisés par la France.

◯ a été placé sous la tutelle de la France au 20ᵉ siècle.

◯ sont cultivées en Guadeloupe.

◯ est parlé en Suisse.

## Adverbien

### G33  Die Adverbien

**1. Ursprüngliche Adverbien**

– **Hier**, j'ai **beaucoup** travaillé et je suis rentré **tard**.
– Tu travailles **trop**.

– Tu es **encore là**? Il est **déjà** huit heures.

– J'ai **trop** mangé. C'était **très** bon.

*Mit **Adverbien** kannst du genauer ausdrücken, **wo**, **wann** und **wie** etwas geschieht oder **wie umfangreich** etwas ist.*

| Où? | ici, là |
|---|---|
| **Quand?** | maintenant, aujourd'hui, hier, demain, souvent, tard, déjà, encore |
| **Comment?** | bien, mal, vite |
| **Combien?** | très, trop, beaucoup, peu |

**2. Adverbien auf *-ment*  → Leçon 4**

Je suis **complètement** crevé.

| Adjektiv | | Adverb | |
|---|---|---|---|
| heureux / | heureuse → | **heureuse**ment | *glücklicherweise* |
| normal / | normale → | **normale**ment | *normalerweise* |
| complet / | complète → | **complète**ment | *völlig* |
| difficile / | difficile → | **difficile**ment | *schwer* |
| aber: | | | |
| vrai → / | vraie | **vrai**ment | *wirklich* |

- *Viele **Adverbien** werden **von Adjektiven abgeleitet**.*
- *In der Regel wird das Adverb von der **weiblichen Form des Adjektivs** abgeleitet.*
- *An die weibliche Form des Adjektivs wird die Endung **-ment** angehängt.*
- *Dies gilt auch, wenn kein Unterschied zwischen männlicher und weiblicher Form des Adjektivs besteht:* **difficile-ment**

**Alles klar? – Du bist dran!**

Hier kannst du die **Adverbien auf** -ment üben. Die Lösungen findest du auf S. **75**.

**1 On est arrivé à Strasbourg** → Du kannst diese Aufgabe nach Leçon 4 bearbeiten.

Complète le texte avec les adverbes et écris-le dans ton cahier.

- ■ *(heureux)*, on n'est pas arrivés en retard.
Maintenant, on peut ■ *(tranquille)* aller à l'hôtel.
- ■ *(normal)*, il y a un tram qui y va.
A l'hôtel, je vais me reposer parce que je suis ■ *(complet)* crevé.
Le voyage était ■ *(vrai)* long.

## Mengen

**G34    Tu bois du lait? –** Mengenangaben

**1. Unbestimmte Mengen**

| | **aber:** |
|---|---|

Au petit-déjeuner, je bois **du** lait avec **du** cacao, ou **de l'**eau.
Je mange un croissant avec **de la** confiture.

| | | |
|---|---|---|
| J'ai mis | **trop de** sucre | sur la crêpe. |
| | **beaucoup de** lait | dans le café. |
| Il **n'**y a | **pas de** beurre | dans le frigo. |
| | **plus de** lait. | |

- *Gibt man eine **unbestimmte Menge** von etwas **nicht Zählbarem** an, steht* **du**, **de la**, **de l'** + *Nomen.*
- *Bei einer **unbestimmten Menge** von etwas **Zählbarem** steht* **des** + *Nomen.*
- *Nach **unbestimmten Mengenangaben** (trop de, beaucoup de …) steht nur* **de** + *Nomen.*
- *Das gilt auch für Verneinungen (**ne…pas**, **ne…plus**):* Il **n'**y a **pas de** lait.

**2. Bestimmte Mengen**

| Dans le frigo, il y a | une bouteille **d'**eau, | 1 litre **d'**eau, |
|---|---|---|
| | un paquet **de** beurre, | 250 grammes **de** beurre, |
| | | 1 kilo **de** pommes. |
| Sur la table, il y a | un verre **de** vin, | |
| | un plateau **de** fromage. | |

*Gibt man eine **bestimmte Menge** an (une bouteille, un paquet …) steht immer* **de / d'** + *Nomen.*

## G35   Konjugations-Tabelle

**1. Verben auf -er**

| infinitif ... passé comp. | présent ... imparfait° | futur simple | conditionnel | subjonctif ... impératif |
|---|---|---|---|---|
| **chercher** *suchen* <br><br> j'**ai** cherch**é** | je cherch**e** <br> tu cherch**es** <br> il / elle / on cherch**e** <br> nous cherch**ons** <br> vous cherch**ez** <br> ils / elles cherch**ent** <br> ......... <br> je cherch**ais** <br> nous cherch**ions** | je chercher**ai** <br> tu chercher**as** <br> il / elle / on chercher**a** <br> nous chercher**ons** <br> vous chercher**ez** <br> ils / elles chercher**ont** | je chercher**ais** <br> tu chercher**ais** <br> il / elle / on chercher**ait** <br> nous chercher**ions** <br> vous chercher**iez** <br> ils / elles <br>      chercher**aient** | que je cherch**e** <br> que tu cherch**es** <br> qu'il / elle / on cherch**e** <br> que nous cherch**ions** <br> que vous cherch**iez** <br> qu'ils / elles cherch**ent** <br> ......... <br><br> Cherche ... Cherchez |

ebenso: alle regelmäßigen Verben auf **-er**, die mit Konsonant beginnen, z. B. **regarder**, **parler** ...

| | | | | |
|---|---|---|---|---|
| **écouter** *hören, zuhören* <br><br> j'**ai** écout**é** | j'écout**e** <br> tu écout**es** <br> il / elle / on écout**e** <br> nous écout**ons** <br> vous écout**ez** <br> ils / elles écout**ent** <br> ......... <br> j'écout**ais** <br> nous écout**ions** | j'écouter**ai** <br> tu écouter**as** <br> il / elle / on écouter**a** <br> nous écouter**ons** <br> vous écouter**ez** <br> ils / elles écouter**ont** | j'écouter**ais** <br> tu écouter**ais** <br> il / elle / on écouter**ait** <br> nous écouter**ions** <br> vous écouter**iez** <br> ils / elles <br>      écouter**aient** | que j'écout**e** <br> que tu écout**es** <br> qu'il / elle / on écout**e** <br> que nous écout**ions** <br> que vous écout**iez** <br> qu'ils / elles écout**ent** <br> ......... <br><br> Ecoute. Ecoutez. |

ebenso: alle regelmäßigen Verben auf **-er**, die **mit Vokal** oder **stummem h** beginnen, z. B. **adorer**, **aimer** ...

**Verben auf -er mit Besonderheiten**

| | | | | |
|---|---|---|---|---|
| **acheter** *kaufen* <br><br> j'**ai** achet**é** | j'ach**è**t**e** <br> tu ach**è**t**es** <br> il / elle / on ach**è**t**e** <br> nous achet**ons** <br> vous achet**ez** <br> ils / elles ach**è**t**ent** <br> ......... <br> j'achet**ais** <br> nous achet**ions** | j'ach**è**ter**ai** <br> tu ach**è**ter**as** <br> il / elle / on ach**è**ter**a** <br> nous ach**è**ter**ons** <br> vous ach**è**ter**ez** <br> ils / elles ach**è**ter**ont** | j'ach**è**ter**ais** <br> tu ach**è**ter**ais** <br> il / elle / on ach**è**ter**ait** <br> nous ach**è**ter**ions** <br> vous ach**è**ter**iez** <br> ils / elles <br>      ach**è**ter**aient** | que j'ach**è**t**e** <br> que tu ach**è**t**es** <br> qu'il / elle / on ach**è**t**e** <br> que nous achet**ions** <br> que vous achet**iez** <br> qu'ils / elles ach**è**t**ent** <br> ......... <br><br> Ach**è**te ... Ach**e**tez ... |

° Die Verben im **imparfai**t haben **dieselben Endungen** wie im **conditionnel**.

| infinitif ... passé comp. | présent ... imparfait° | futur simple | conditionnel | subjonctif ... impératif |
|---|---|---|---|---|
| **préférer** *vorziehen, lieber mögen* | je préfère tu préfères il / elle / on préfère nous préférons vous préférez ils / elles préfèrent | je préférerai tu préféreras il / elle / on préférera nous préférerons vous préférerez ils / elles préféreront | je préférerais tu préférerais il / elle / on préférerait nous préférerions vous préféreriez ils / elles préféreraient | que je préfère que tu préfères qu'il / elle / on préfère que nous préférions que vous préfériez qu'ils / elles préfèrent ......... |
| ......... j'ai préféré | ......... je préférais nous préférions | | | |

ebenso: **compléter** (vervollständigen), **protéger** (schützen), **répéter** (wiederholen)

| infinitif ... passé comp. | présent ... imparfait° | futur simple | conditionnel | subjonctif ... impératif |
|---|---|---|---|---|
| **manger** *essen* | je mange tu manges il / elle / on mange nous mangeons vous mangez ils / elles mangent | je mangerai tu mangeras il / elle / on mangera nous mangerons vous mangerez ils / elles mangeront | je mangerais tu mangerais il / elle / on mangerait nous mangerions vous mangeriez ils / elles mangeraient | que je mange que tu manges qu'il / elle / on mange que nous mangions que vous mangiez qu'ils / elles mangent ......... Mange. |
| ......... j'ai mangé | ......... je mangeais nous mangions | | | Mangeons. Mangez. |

ebenso: **bouger** (sich bewegen): je bouge, nous bougeons (présent); je bougeais, nous bougions (imparfait)
**changer** (wechseln, ändern): je change, nous changeons (présent); je changeais, nous changions (imparfait)
**corriger** (korrigieren): je corrige, nous corrigeons (présent); je corrigeais, nous corrigions (imparfait)
**déménager** (umziehen): je déménage, nous déménageons (présent); je déménageais, nous déménagions (imparfait)
**nager** (schwimmen): je nage, nous nageons (présent); je nageais, nous nagions (imparfait)
**ranger** (aufräumen): je range, nous rangeons (présent); je rangeais, nous rangions (imparfait)

beachte auch: **commencer** (anfangen, beginnen): je commence, nous commençons (présent);
je commençais, nous commencions (imparfait)

| infinitif ... passé comp. | présent ... imparfait° | futur simple | conditionnel | subjonctif ... impératif |
|---|---|---|---|---|
| **appeler** *anrufen, rufen* | j'appelle tu appelles il / elle / on appelle nous appelons vous appelez ils / elles appellent | j'appellerai tu appelleras il / elle / on appellera nous appellerons vous appellerez ils / elles appelleront | j'appellerais tu appellerais il / elle / on appellerait nous appellerions vous appelleriez ils / elles appelleraient | que j'appelle que tu appelles qu'il / elle / on appelle que nous appelions que vous appeliez qu'ils / elles appellent ......... |
| ......... j'ai appelé | ......... j'appelais nous appelions | | | Appelle ... Appelez ... |

ebenso: **s'appeler** (heißen): je m'appelle

° Die Verben im **imparfait** haben **dieselben Endungen** wie im **conditionnel**.

45

| infinitif ... passé comp. | présent ... imparfait° | futur simple | conditionnel | subjonctif ... impératif |
|---|---|---|---|---|
| **payer** *zahlen, bezahlen* | je pai**e** tu pai**es** il / elle / on pai**e** nous pay**ons** vous pay**ez** ils / elles pai**ent** | je paier**ai** tu paier**as** il / elle / on paier**a** nous paier**ons** vous paier**ez** ils / elles paier**ont** | je paier**ais** tu paier**ais** il / elle / on paier**ait** nous paier**ions** vous paier**iez** ils / elles paier**aient** | que je pai**e** que tu pai**es** qu'il / elle / on pai**e** que nous pay**ions** que vous pay**iez** qu'ils / elles pai**ent** |
| ......... j'**ai** pay**é** | ......... je pay**ais** nous pay**ions** | | | ......... Pais. Payez. |

ebenso: **essayer** (versuchen): j'essaie, nous essayons

## 2. Verben auf *-dre*

| **répondre** *antworten* | je répond**s** tu répond**s** il / elle / on répond nous répond**ons** vous répond**ez** ils / elles répond**ent** | je répondr**ai** tu répondr**as** il / elle / on répondr**a** nous répondr**ons** vous répondr**ez** ils / elles répondr**ont** | je répondr**ais** tu répondr**ais** il / elle / on répondr**ait** nous répondr**ions** vous répondr**iez** ils / elles répondr**aient** | que je répond**e** que tu répond**es** qu'il / elle / on répond**e** que nous répond**ions** que vous répond**iez** qu'ils / elles répond**ent** |
|---|---|---|---|---|
| ......... j'**ai** répond**u** | ......... je répond**ais** nous répond**ions** | | | ......... Réponds. Répondez. |

ebenso: **attendre** (warten), **entendre** (hören), **perdre** (verlieren), **rendre** (zurückgeben), **vendre** (verkaufen)

## 3. Verben auf *-ir*

| **partir** *abfahren, wegfahren, weggehen* | je par**s** tu par**s** il / elle / on part nous part**ons** vous part**ez** ils / elles part**ent** | je partir**ai** tu partir**as** il / elle / on partir**a** nous partir**ons** vous partir**ez** ils / elles partir**ont** | je partir**ais** tu partir**ais** il / elle / on partir**ait** nous partir**ions** vous partir**iez** ils / elles partir**aient** | que je part**e** que tu part**es** qu'il / elle / on part**e** que nous part**ions** que vous part**iez** qu'ils / elles part**ent** |
|---|---|---|---|---|
| ......... je **suis** parti je **suis** parti**e** | ......... je part**ais** nous part**ions** | | | ......... Pars. Partons. Partez. |

ebenso: **dormir** (schlafen): je dors, nous dormons – **servir** (servieren): je sers, nous servons – **sortir** (ausgehen, mit jdm gehen): je sors, nous sortons

° Die Verben im **imparfai**t haben **dieselben Endungen** wie im **conditionnel**.

**Verben auf -ir mit Stamm-Erweiterung**

| infinitif ... passé comp. | présent ... imparfait° | futur simple | conditionnel | subjonctif ... impératif |
|---|---|---|---|---|
| **choisir** *(aus)wählen* | je choisis<br>tu choisis<br>il/elle/on choisit<br>nous choisissons<br>vous choisissez<br>ils/elles choisissent | je choisirai<br>tu choisiras<br>il/elle/on choisira<br>nous choisirons<br>vous choisirez<br>ils/elles choisiront | je choisirais<br>tu choisirais<br>il/elle/on choisirait<br>nous choisirions<br>vous choisiriez<br>ils/elles choisiraient | que je choisisse<br>que tu choisisses<br>qu'il/elle/on choisisse<br>que nous choisissions<br>que vous choisissiez<br>qu'ils/elles choisissent |
| .........<br>j'**ai choisi** | .........<br>je choisissais<br>nous choisissions | | | .........<br><br>Choisis. Choisissez. |

ebenso: **finir** (beenden): je finis, nous finissons; **réagir** (reagieren): je réagis, nous réagissons

**4. Reflexive Verben**

| se préparer sich vorbereiten | présent | futur simple | conditionnel | subjonctif |
|---|---|---|---|---|
| **se préparer** *sich vorbereiten* | je me prépare<br>tu te prépares<br>il/elle/on se prépare<br>nous nous préparons<br>vous vous préparez<br>ils/elles se préparent | je me préparerai<br>tu te prépareras<br>il/elle/on se préparera<br>nous nous préparerons<br>vous vous préparerez<br>ils/elles se prépareront | je me préparerais<br>tu te préparerais<br>il/elle/on se préparerait<br>nous nous préparerions<br>vous vous prépareriez<br>ils/elles se prépareraient | que je me prépare<br>que tu te prépares<br>qu'il/elle/on se prépare<br>que nous nous préparions<br>que vous vous prépariez<br>qu'ils/elles se préparent |
| .........<br>je me **suis** préparé<br>je me **suis** préparée | .........<br>je me préparais<br>nous nous préparions | | | .........<br>Prépare-toi.<br>Préparez-vous. |

ebenso: **se débrouiller** (zurecht kommen), **se dépêcher** (sich beeilen), **se réveiller** (aufwachen), …

| se lever aufstehen | | | | |
|---|---|---|---|---|
| **se lever** *aufstehen* | je me lève<br>tu te lèves<br>il/elle/on se lève<br>nous nous levons<br>vous vous levez<br>ils/elles se lèvent | je me lèverai<br>tu te lèveras<br>il/elle/on se lèvera<br>nous nous lèverons<br>vous vous lèverez<br>ils/elles se lèveront | je me lèverais<br>tu te lèverais<br>il/elle/on se lèverait<br>nous nous lèverions<br>vous vous lèveriez<br>ils/elles se lèveraient | que je me lève<br>que tu te lèves<br>qu'il/elle/on se lève<br>que nous nous levions<br>que vous vous leviez<br>qu'ils/elles se lèvent |
| .........<br>je me **suis** levé<br>je me **suis** levée | .........<br>je me levais<br>nous nous levions | | | .........<br><br>Lève-toi. Levez-vous. |

° Die Verben im **imparfait** haben **dieselben Endungen** wie im **conditionnel**.

**5. Unregelmäßige Verben**

| infinitif<br><br>passé comp. | présent<br><br>imparfait° | futur simple | conditionnel | subjonctif<br><br>impératif |
|---|---|---|---|---|
| **avoir**<br>*haben*<br><br>………<br>**j'ai eu** | j'**ai**<br>tu **as**<br>il / elle / on **a**<br>nous **avons**<br>vous **avez**<br>ils / elles **ont**<br>………<br>j'**avais**<br>nous **avions** | j'**aurai**<br>tu **auras**<br>il / elle / on **aura**<br>nous **aurons**<br>vous **aurez**<br>ils / elles **auront** | j'**aurais**<br>tu **aurais**<br>il / elle / on **aurait**<br>nous **aurions**<br>vous **auriez**<br>ils / elles **auraient** | que j'**aie**<br>que tu **aies**<br>qu'il / elle / on **ait**<br>que nous **ayons**<br>que vous **ayez**<br>qu'ils / elles **aient**<br>………<br><br>**Aie … Ayez …** |
| **être**<br>*sein*<br><br>………<br>**j'ai été** | je **suis**<br>tu **es**<br>il / elle / on **est**<br>nous **sommes**<br>vous **êtes**<br>ils / elles **sont**<br>………<br>j'**étais**<br>nous **étions** | je **serai**<br>tu **seras**<br>il / elle / on **sera**<br>nous **serons**<br>vous **serez**<br>ils / elles **seront** | je **serais**<br>tu **serais**<br>il / elle / on **serait**<br>nous **serions**<br>vous **seriez**<br>ils / elles **seraient** | que je **sois**<br>que tu **sois**<br>qu'il / elle / on **soit**<br>que nous **soyons**<br>que vous **soyez**<br>qu'ils / elles **soient**<br>………<br><br>**Sois … Soyez …** |
| **aller**<br>*gehen, fahren*<br><br>………<br>**je suis** allé<br>**je suis** allée | je **vais**<br>tu **vas**<br>il / elle / on **va**<br>nous **allons**<br>vous **allez**<br>ils / elles **vont**<br>………<br>j'**allais**<br>nous **allions** | j'**irai**<br>tu **iras**<br>il / elle / on **ira**<br>nous **irons**<br>vous **irez**<br>ils / elles **iront** | j'**irais**<br>tu **irais**<br>il / elle / on **irait**<br>nous **irions**<br>vous **iriez**<br>ils / elles **iraient** | que j'**aille**<br>que tu **ailles**<br>qu'il / elle / on **aille**<br>que nous **allions**<br>que vous **alliez**<br>qu'ils / elles **aillent**<br>………<br><br>**Va … Allez …** |
| **boire**<br>*trinken*<br><br>………<br>**j'ai bu** | je **bois**<br>nous **buvons**<br>ils / elles **boivent**<br>………<br>je **buvais**<br>nous **buvions** | je **boirai**<br>nous **boirons**<br>ils / elles **boiront** | je **boirais**<br>nous **boirions**<br>ils / elles **boiraient** | que je **boive**<br>que nous **buvions**<br>qu'ils / elles **boivent**<br>………<br><br>**Bois. Buvez.** |
| **connaître**<br>*kennen*<br><br>………<br>**j'ai connu** | je **connais**<br>nous **connaissons**<br>ils / elles **connaissent**<br>………<br>je **connaissais**<br>nous **connaissions** | je **connaîtrai**<br>nous **connaîtrons**<br>ils / elles **connaîtront** | je **connaîtrais**<br>nous **connaîtrions**<br>ils / elles **connaîtraient** | que je **connaisse**<br>que nous **connaissions**<br>qu'ils / elles **connaissent**<br>……… |

° Die Verben im **imparfait** haben **dieselben Endungen** wie im **conditionnel**.

| infinitif<br><br>passé comp. | présent<br><br>imparfait° | futur simple | conditionnel | subjonctif<br>…<br>impératif |
|---|---|---|---|---|
| **construire**<br>*bauen*<br><br>………<br>j'ai **construit** | je construi**s**<br>nous construis**ons**<br>ils / elles construis**ent**<br>………<br>je construis**ais**<br>nous construis**ions** | je construir**ai**<br>nous construir**ons**<br>ils / elles construir**ont** | je construir**ais**<br>nous construir**ions**<br>ils / elles<br>    construir**aient** | que je construi**se**<br>que nous construis**ions**<br>qu'ils / elles<br>    construis**ent**<br>………<br>Construis …<br>Construisez … |
| **devoir**<br>*müssen,*<br>*sollen*<br>………<br>j'ai **dû** | je **dois**<br>nous dev**ons**<br>ils / elles **doivent**<br>………<br>je dev**ais**<br>nous dev**ions** | je devr**ai**<br>nous devr**ons**<br>ils / elles devr**ont** | je devr**ais**<br>nous devr**ions**<br>ils / elles devr**aient** | que je **doive**<br>que nous dev**ions**<br>qu'ils / elles **doivent**<br>……… |
| **dire**<br>*sagen*<br><br><br><br><br>………<br>j'ai **dit** | je **dis**<br>tu **dis**<br>il / elle / on **dit**<br>nous **disons**<br>vous **dites**<br>ils / elles **disent**<br>………<br>je dis**ais**<br>nous dis**ions** | je dir**ai**<br>tu dir**as**<br>il / elle / on dir**a**<br>nous dir**ons**<br>vous dir**ez**<br>ils / elles dir**ont** | je dir**ais**<br>tu dir**ais**<br>il / elle / on dir**ait**<br>nous dir**ions**<br>vous dir**iez**<br>ils / elles dir**aient** | que je dis**e**<br>que tu dis**es**<br>qu'il / elle / on dis**e**<br>que nous dis**ions**<br>que vous dis**iez**<br>qu'ils / elles dis**ent**<br>………<br><br>Dis. Dites. |
| **écrire**<br>*schreiben*<br><br>………<br>j'ai **écrit** | j'écri**s**<br>nous écriv**ons**<br>ils / elles écriv**ent**<br>………<br>j'écriv**ais**<br>nous écriv**ions** | j'écrir**ai**<br>nous écrir**ons**<br>ils / elles écrir**ont** | j'écrir**ais**<br>nous écrir**ions**<br>ils / elles écrir**aient** | que j'écriv**e**<br>que nous écriv**ions**<br>qu'ils / elles écriv**ent**<br>………<br><br>Ecris … Ecrivez… |
| **envoyer**<br>*schicken*<br>………<br>j'ai envoy**é** | j'envoi**e**<br>nous envoy**ons**<br>ils envoi**ent**<br>………<br>j'envoy**ais**<br>nous envoy**ions** | j'enverr**ai**<br>nous **enverrons**<br>ils / elles **enverront** | j'enverr**ais**<br>nous **enverrions**<br>ils / elles **enverraient** | que j'envoi**e**<br>que nous envoy**ions**<br>qu'ils / elles envoi**ent**<br>………<br><br>Envoie… Envoyez… |

° Die Verben im **imparfai**t haben **dieselben** Endungen wie im **conditionnel**.

| infinitif ... passé comp. | présent ... imparfait° | futur simple | conditionnel | subjonctif ... impératif |
|---|---|---|---|---|
| **faire** *machen* ......... j'ai **fait** | je **fais** tu **fais** il / elle / on **fait** nous **faisons** vous **faites** ils / elles **font** ......... je **faisais** nous **faisions** | je **ferai** tu **feras** il / elle / on **fera** nous **ferons** vous **ferez** ils / elles **feront** | je **ferais** tu **ferais** il / elle / on **ferait** nous **ferions** vous **feriez** ils / elles **feraient** | que je **fasse** que tu **fasses** qu'il / elle / on **fasse** que nous **fassions** que vous **fassiez** qu'ils / elles **fassent** ......... Fais ... Faites ... |
| **lire** *lesen* ......... j'ai **lu** | je **lis** nous **lisons** ils / elles **lisent** ......... je **lisais** nous **lisions** | je **lirai** nous **lirons** ils / elles **liront** | je **lirais** nous **lirions** ils / elles **liraient** | que je **lise** que nous **lisions** qu'ils / elles **lisent** ......... Lis ... Lisez ... |
| **mettre** *setzen, stellen, legen* ......... j'ai **mis** | je **mets** nous **mettons** ils / elles **mettent** ......... je **mettais** nous **mettions** | je **mettrai** nous **mettrons** ils / elles **mettront** | je **mettrais** nous **mettrions** ils / elles **mettraient** | que je **mette** que nous **mettions** qu'ils / elles **mettent** ......... Mets ... Mettez ... |
| **offrir** *anbieten, schenken* ......... j'ai **offert** | j'**offre** nous **offrons** ils / elles **offrent** ......... j'**offrais** nous **offrions** | j'**offrirai** nous **offrirons** ils / elles **offriront** | j'**offrirais** nous **offririons** ils / elles **offriraient** | que j'**offre** que nous **offrions** qu'ils / elles **offrent** ......... Offre ... Offrez ... |
| **ouvrir** *öffnen, eröffnen* ......... j'ai **ouvert** | j'**ouvre** nous **ouvrons** ils / elles **ouvrent** ......... j'**ouvrais** nous **ouvrions** | j'**ouvrirai** nous **ouvrirons** ils / elles **ouvriront** | j'**ouvrirais** nous **ouvririons** ils / elles **ouvriraient** | que j'**ouvre** que nous **ouvrions** qu'ils / elles **ouvrent** ......... Ouvre ... Ouvrez ... |
| **pouvoir** *können* ......... j'ai **pu** | je **peux** nous **pouvons** ils / elles **peuvent** ......... je **pouvais** nous **pouvions** | je **pourrai** nous **pourrons** ils / elles **pourront** | je **pourrais** nous **pourrions** ils / elles **pourraient** | que je **puisse** que nous **puissions** qu'ils / elles **puissent** ......... |

° Die Verben im **imparfai**t haben **dieselben** Endungen wie im **conditionnel**.

| intinitit ... passé comp. | present ... imparfait° | futur simple | conditionnel | subjonctif ... impératif |
|---|---|---|---|---|
| **prendre** *nehmen* ......... j'ai **pris** | je prend**s** nous **prenons** ils / elles **prennent** ......... je pren**ais** nous pren**ions** | je prend**rai** nous prend**rons** ils / elles prend**ront** | je prend**rais** nous prend**rions** ils / elles prend**raient** | que je **prenne** que nous **prenions** qu'ils / elles **prennent** ......... Prends ... Prenez ... |

ebenso: **apprendre** (lernen), **comprendre** (verstehen)

| | | | | |
|---|---|---|---|---|
| **recevoir** *erhalten, empfangen* ......... j'ai **reçu** | je **reçois** nous **recevons** ils / elles **reçoivent** ......... je recev**ais** nous recev**ions** | je recev**rai** nous recev**rons** ils / elles recev**ront** | je recev**rais** nous recev**rions** ils / elles recev**raient** | que je **reçoive** que nous **recevions** qu'ils / elles **reçoivent** ......... **Reçois**... Recevez... |
| **savoir** *wissen, können* ......... j'ai **su** | je sais nous **savons** ils / elles savent ......... je sav**ais** nous sav**ions** | je **saurai** nous **saurons** ils / elles **sauront** | je saur**ais** nous saur**ions** ils / elles saur**aient** | que je **sache** que nous **sachions** qu'ils / elles **sachent** ......... Sache ... / Sachez ... |
| **tenir** *halten* ......... j'ai **tenu** | je **tiens** nous **tenons** ils / elles **tiennent** ......... je ten**ais** | je **tiendrai** nous **tiendrons** ils / elles **tiendront** | je **tiendrais** nous **tiendrions** ils / elles **tiendraient** | que je **tienne** que nous **tenions** qu'ils / elles **tiennent** ......... **Tiens.** Tenez. |
| **venir** *kommen* ......... je **suis** ven**u** je **suis** ven**ue** | je **viens** nous **venons** ils / elles **viennent** ......... je ven**ais** nous ven**ions** | je **viendrai** nous **viendrons** ils / elles **viendront** | je **viendrais** nous **viendrions** ils / elles **viendraient** | que je **vienne** que nous **venions** qu'ils / elles **viennent** ......... **Viens.** Venez. |

ebenso: **revenir** (zurückkommen)

° Die Verben im **imparfai**t haben **dieselben** Endungen wie im **conditionnel**.

| infinitif ... passé comp. | présent ... imparfait° | futur simple | conditionnel | subjonctif ... impératif |
|---|---|---|---|---|
| **vivre** *leben* ......... j'ai **vécu** | je **vis** nous **viv**ons ils / elles **viv**ent ......... je viv**ais** nous viv**ions** | je vivr**ai** nous vivr**ons** ils / elles vivr**ont** | je vivr**ais** nous vivr**ions** ils / elles vivr**aient** | que je viv**e** que nous viv**ions** qu'ils / elles viv**ent** ......... Vis ... Vivez ... |
| **voir** *sehen* ......... j'ai **vu** | je **vois** nous **voy**ons ils / elles **voi**ent ......... je voy**ais** nous voy**ions** | je verr**ai** nous verr**ons** ils / elles verr**ont** | je verr**ais** nous verr**ions** ils / elles verr**aient** | que je **voie** que nous **voy**ions qu'ils / elles **voi**ent ......... |
| **vouloir** *wollen* ......... j'ai **voulu** | je **veux** nous **voul**ons ils / elles **veul**ent ......... je voul**ais** nous voul**ions** | je voudr**ai** nous voudr**ons** ils / elles voudr**ont** | je voudr**ais** nous voudr**ions** ils / elles voudr**aient** | que je **veuille** que nous **voul**ions qu'ils / elles **veuill**ent ......... |

° Die Verben im **imparfai**t haben **dieselben** Endungen wie im **conditionnel**.

## Hören, sehen und verstehen

**1**

**Hören und Verstehen im Dreischritt**

**Avant l'écoute**:

Bereite dich auf das Hören vor: Lies die **Überschrift** und die **Aufgabenstellung** durch und schau dir die **Bilder** ganz genau an. Worum könnte es gehen? Was weißt du schon zu diesem Thema? Gibt es einen Hörauftrag? Wie lautet er?

> Qui? (Wer spricht mit wem?)
> Où? (Wo befinden sich die Personen?)
> Quand? (Wann findet die Handlung statt?)
> Quoi? (Worum geht es?)

**Pendant l'écoute**:

**Erstes Hören: Wer** spricht (mit wem)? **Wo? In welcher Situation** befinden sich die Personen? **Worum könnte es gehen?** Achte auf die **Stimmen** der Personen und **Hintergrundgeräusche**. Wie ist die **Stimmung**? Hierzu kannst du dir **Notizen** machen.

**Zweites Hören: Überprüfe deine Vermutungen** über den Inhalt. Versuche noch mehr zu verstehen und ergänze deine Notizen.

**Après l'écoute**:

Vervollständige und ordne deine Notizen.

**2**

**Einen Film verstehen**

Schau dir Filme oder Filmszenen **mehrmals** an. Wenn ihr zu zweit seid, tauscht euch über euren Verständnisstand aus. Ein Film enthält zahlreiche Zusatzinformationen, die dir beim Verstehen der Situation helfen.

**Spielfilme:**

Achte auf **Gestik**, **Mimik** und **Tonlage** der handelnden Personen und beziehe den **Handlungsort**, die **Atmosphäre**, **Situation** und **Hintergrundmusik** ein, um die Handlung zu verstehen.

**Dokumentarfilme:**

Konzentriere dich darauf, dem Film **Informationen** zu entnehmen. Um welches **Thema** geht es? Höre **Schlüsselwörter** heraus und beziehe die **Zusatzinformationen der Bilder** mit ein. Mach dazu ein Experiment: Schau dir den Film zunächst ohne Ton an und sammle Informationen, die dir der „Stummfilm" bietet. Formuliere **Vermutungen** über den Film und schalte beim zweiten Anschauen den Ton dazu.

**Tipp**

Viele französische Filme gibt es auf DVD mit französischen **Untertiteln.**

## Lesen und verstehen

**3**

**Lesen und Verstehen im Dreischritt**

**Avant la lecture:**

Oft erkennst du an der äußeren Form, um welche Textsorte es sich handelt: Geschichte, Dialog, Sachtext, Internetseite, Poster, Prospekt, Zeitungsartikel, Comic etc. Die **Textsorte weckt** automatisch **Erwartungen** in dir, welche Informationen du in dem Text finden wirst. **Gebrauchstexte** haben oft eine **vorgeschriebene Form**, z. B. Bewerbungsbriefe, und verwenden **bestimmte Redewendungen**. Erste Hinweise auf den Inhalt eines Textes erhältst du z. B. durch den **Titel**, die **Gestaltung** oder die **Bilder** (Personen, Gegenstände, Ort).

**Pendant la lecture:**

Finde beim **ersten Lesen** heraus, worum es in dem Text geht (Globalverständnis). Wo sind **Schlüsselwörter** zu finden? Welche **Sätze** sind besonders wichtig? Teile den Text evtl. in **Sinnabschnitte** ein und finde Teilüberschriften.

Versuche **unbekannte Wörter** zu **erschließen** (→ **S5**) oder schlage sie in einem (digitalen) Wörterbuch nach. Kläre Textstellen, die du nicht verstehst.

**Après la lecture:**

Beantworte die Fragen zum Text oder bearbeite die Aufgaben. Dabei hilft dir die **Lesetechnik scanning** (→ **S4**) weiter. **Komplexere Texte** lassen sich gut in einer **Lesekonferenz** erarbeiten (→ **S21**).

**4** Unterschiedliche Lesetechniken nutzen

**Scanning: gezielt nach Informationen in einem Text suchen**

Beim Scanning erhältst du vor dem Lesen einen
Auftrag und suchst gezielt nach Informationen im Text
(Personen, Orte, Ereignisse etc.). Die gesuchten
Begriffe springen dir besser ins Auge, wenn du mit
dem Finger von unten nach oben oder in Schlangenlinien
über den Text gehst.

**Skimming: einen Text überfliegen**

Beim Skimming versuchst du, dir rasch einen **Überblick
über den Textinhalt** zu verschaffen. Dadurch kannst du
feststellen, ob ein Text z. B. für ein Referat geeignet ist.
Die Technik eignet sich auch, um erste Eindrücke von
einer Geschichte zu bekommen oder um zu prüfen,
ob ein Internettext die gewünschten Informationen enthält.
Lies dabei besonders die **Überschrift, hervorgehobene
Wörter** oder **Sätze** und **Zwischenüberschriften**. Schau
dir beigefügte **Bilder** und **Grafiken** an.

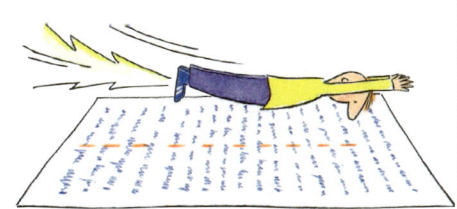

**5** Wörter erschließen

Du kannst die Bedeutung unbekannter Wörter oft
herausfinden, ohne ein Wörterbuch zu benutzen.
Viele Wörter werden auch in deiner **Muttersprache** oder
**anderen Sprachen** verwendet.
Häufig stecken in Wörtern **Teile von Wörtern**, die du bereits
kennst, z. B.: **ami**tié, **dessin**er …
Manchmal hilft dir auch der **Zusammenhang**, in dem das
Wort steht. Lies dazu den Satz (und evtl. auch den
vorherigen und den nächsten Satz) noch einmal genau
durch und überprüfe, ob die Bedeutung passen könnte.

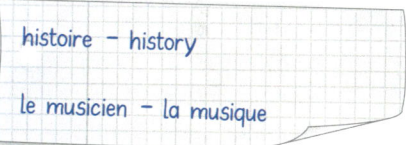

histoire – history

le musicien – la musique

## 6 Wörter nachschlagen / Ein zweisprachiges Wörterbuch benutzen

Du möchtest die Bedeutung eines französischen Wortes nachschlagen?

Du sollst einen französischen Text schreiben und dir fehlt ein Wort oder ein Ausdruck?

In diesen Fällen helfen dir ein zweisprachiges oder ein digitales Wörterbuch.

Beachte die folgenden Hinweise:
1. Gib bei Verben immer den **Infinitiv** ein.
2. Viele Wörter haben **mehrere Bedeutungen** oder **Übersetzungsmöglichkeiten**. Diese sind durch fettgedruckte Zahlen voneinander getrennt.
3. **Überlege genau**, ob die gefundene Bedeutung in den Textzusammenhang passt.

> ①————————————②
> **amoureux¹, amoureuse** [amuʀø, amuʀøz]
> ③ verliebt; **être amoureux de quelqu'un** in jemanden verliebt sein; **tomber amoureux de quelqu'un** sich in jemanden verlieben

Zu jedem Eintrag gibt es folgende Angaben:
① **die Schreibweise** (l'orthographe)
② **die Aussprache** (la prononciation)
③ **die Übersetzungsmöglichkeiten**
Im Wörterbuch stehen in der Regel auch Wortverbindungen, Beispielsätze und Redewendungen.

**Tipp**
Wenn du nicht sicher bist, ob du die richtige Übersetzung gefunden hast, gibst du das deutsche bzw. französische Wort ein und machst auf diese Weise die **Gegenprüfung.**

## 7 Internetrecherche

Wenn du gezielt nach Informationen im Internet suchst, gib ein treffendes **Stichwort** in eine französische Suchmaschine ein. Sie endet mit **.fr** (anstelle von .de). Oft ist es sinnvoll, eine **Kombination** von mehreren Stichwörtern einzugeben (z. B. *Omar Sy film*). Die Lesetechniken **skimming** und **scanning** (→ S4) helfen dir dabei, die Internetseiten schnell auf ihren Informationsgehalt zu prüfen. Mit den Buttons der Hauptseiten kannst du Untermenüs öffnen und dort gezielt weitere spezielle Informationen finden. Achte darauf, ob deine Quelle **zuverlässig** ist und bevorzuge offizielle Seiten **(sites officiels)**. Wenn du Informationen aus dem Internet für eigene Präsentationen verwendest, gib immer die **Quelle** an.

## 8 Sachtexte auswerten

Wenn du einem Text Informationen entnehmen sollst, suche zunächst die **Oberbegriffe** bzw. **Themen**, über die er Auskunft gibt. Teile längere Texte dazu in **Sinnabschnitte** ein und **markiere wichtige Wörter** im Text. Du kannst auch eine „**carte mentale**" mit diesen Wörtern beginnen (→ S10) und dann die Nebeninformationen geordnet dazu schreiben.

Überlege, welche Informationen du weiter verwenden willst. Setze eigene Schwerpunkte.

ses monuments    sa situation géographique

Strasbourg

ses institutions européennes

## Sich ausdrücken: sprechen und schreiben

**9**

**Wortschatz aufbauen und individuell erweitern: mon dico personnel**

Lege ein Spiralheft an und sammle auf jeweils einer Seite Wörter, die zu einem bestimmten **Sachgebiet** gehören und die dir wichtig sind. Schreibe den **Oberbegriff** in die **Mitte** und ordne deine Wörter in **Vokabelnetzen** an. Lass nach außen hin ausreichend Platz, so dass du die Netze später mit weiteren Wörtern ergänzen kannst.

Anregungen für Vokabelnetze findest du im Lernvokabular unter der Rubrik „Mon dico personnel"

**10**

**Carte mentale bzw. Fiche erstellen und versprachlichen**

Wenn du die Inhalte eines Textes in eigenen Worten wiedergeben sollst, notiere dir zunächst **Oberbegriffe**, zu denen du Informationen hast. Sie geben deinem späteren Vortrag eine Struktur.

Sammle dann Informationen zu diesen Oberbegriffen und schreibe sie in Form von **Schlüsselwörtern (mots-clés)** dazu.

Übe nun (z. B. gemeinsam mit einem Mitschüler / einer Mitschülerin) anhand deiner Fiche bzw. Carte mentale **frei** über den Sachverhalt **zu erzählen**. Bilde **einfache eigene Sätze** und benutze Wörter, die deine Mitschüler verstehen können. Wenn du Fachwörter benutzt, erkläre sie kurz auf Deutsch.

Bei umfangreichen Informationen kannst du deinen Vortrag mit **Redemitteln aus S25 strukturieren**.

## 11 Graphiken auswerten

Nenne zunächst das **Thema** der Graphik.
Lies dazu die **Überschrift**.
Beschreibe dann die Aussagen der Graphik.
Manchmal lassen sich **einzelne Daten zusammenfassen**.
Abschließend kannst du die Aussagen miteinander **vergleichen und interpretieren**.

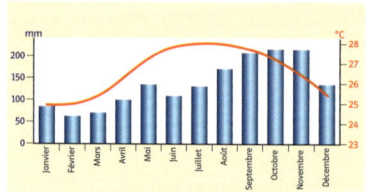

Le graphique montre le climat en Guadeloupe.
Sur le graphique, on voit que …
Le graphique montre que …

## 12 Ein Bild beschreiben

Beschreibe zunächst, **was** bzw. **wen** das Bild **hauptsächlich** zeigt.
Ordne die dargestellte Szene bezüglich **Ort und Zeit** ein.
Beginne dann mit der **genaueren Beschreibung** und gehe dabei **systematisch** vor, z. B. vom Mittelpunkt des Bildes nach außen bzw. vom Vordergrund (au premier plan) zum Hintergrund (dans le fond). Wenn **Personen** im Bild sind, beschreibe:
– ihre äußere Erscheinung (z. B. Aussehen, Alter, Kleidung, …),
– ihre Körperhaltung bzw. was sie tun,
– die Beziehung, in der die Personen zueinander stehen.
Gehe dann auf weitere **Gegenstände** und **Details** ein, die du auf dem Bild erkennen kannst.

Au milieu, on voit …
A droite / A gauche de …, on reconnaît …

**Tipp**
Deine Beschreibung sollte so genau und detailliert sein, dass eine andere Person sich das Bild genau vorstellen kann.
Weitere Redemittel zur Beschreibung von Personen findest du im Buch auf S. 190.

## 13 Résumé

Ein résumé ist die **kurze, sachliche Zusammenfassung** eines Textes im **Präsens**.
Finde zunächst die wichtigsten Informationen heraus, indem du zu jedem Abschnitt **Schlüsselwörter** notierst:
– Zeit **(Quand?)** – handelnde Personen **(Qui?)**
– Handlung **(Quoi?)** – Ort **(Où?)**
Bilde jetzt aus diesen Informationen Sätze und verbinde diese durch Satzeinleitungen wie **d'abord, puis, ensuite, tout à coup, à la fin.**

**Tipp**
Ein gutes résumé ist **viel kürzer** als der Ausgangstext. Das Schreiben funktioniert oft am besten, wenn du nur deine Schlüsselwörter vor Augen hast und den Text beiseite legst.

## 14 Médiation

Bei der Sprachmittlung geht es nicht darum, alles wortwörtlich zu übersetzen, sondern darum die **wesentlichen Inhalte** wiederzugeben.

### Im Gespräch

Überlege, was für deinen Gesprächspartner / deine Gesprächspartnerin wichtig ist.
Fasse den Inhalt der Aussage kurz auf Deutsch oder auf Französisch zusammen.

**Du erklärst auf Deutsch**

Erkläre die Situation.
Nenne das Thema.
Überprüfe, ob du verstanden wurdest.
Antworte auf Rückfragen.

**Du erklärst auf Französisch**

Versuche, die wichtigsten Punkte zu benennen.
Setze Gestik und Mimik ein.
Du kannst auch Skizzen anfertigen oder Symbole verwenden.

### Informationen aus Texten

Hier solltest du zusätzlich sagen, um welchen Text es sich handelt
und wichtige (Detail)informationen berücksichtigen.

## 15 Eine Persönlichkeit präsentieren

1. **Suche Informationen** zur Person im Internet. (→ S4, S7)
2. Welche **Aspekte** findest du an dieser Person **interessant**? Erstelle eine **carte d'identité**.
3. Notiere **wichtige Informationen** in Form von **Schlüsselwörtern** und bilde damit einfache und verständliche Sätze. **Übe deine Präsentation** vor einem Mitschüler / einer Mitschülerin und lass dir ein **Feedback** geben. (→ S26)
4. Aussagekräftige **Fotos** zu deinen Schwerpunkten machen deinen Vortrag anschaulich. Du kannst sie auch elektronisch präsentieren.
5. **Begründe** in einem letzten zusammenfassenden Satz kurz, warum du diese Person gewählt hast und **was du** an ihr **beeindruckend findest**.

**Nom de naissance:** Paul Van Haver
**Pseudonyme:** Stromae

**Date de naissance:** le 12/03/1985
**Lieu de naissance:** Bruxelles
**Pays:** Belgique

**Métier:** auteur-compositeur-interprète
**Ses débuts en musique:** premiers cours de solfège et de batterie à 11 ans
**Ses études:** école de cinéma
**Son premier tube:** «Alors on danse»
**Ses albums:** «Cheese», «Racine carrée»

… me fascine beaucoup
parce que…
Je trouve que … est fascinant(e)
parce que …

## 16

### Eine Präsentation vorbereiten und durchführen

**Informationen sammeln**

Wähle ein **Thema**, das du persönlich **interessant** findest und suche dazu **Informationen**, die dir dazu **wichtig** erscheinen. (→ **S7**) Setze also **eigene Schwerpunkte**, verliere dich nicht in Details und wähle Zahlendaten nur sparsam und ganz gezielt aus.

Erstelle eine **carte mentale** mit **Schlüsselwörtern** (→ **S10**) und gib deinem Thema somit eine eigene Struktur.

**Informationen weitergeben**

Bilde nun anhand der carte mentale **eigene einfache und verständliche Sätze** mit Wörtern, die deine Mitschüler/innen kennen und gliedere deine Präsentation mit den unten angegebenen Redemitteln. → **S25**

**Erkläre schwierige Wörter** und **veranschauliche** deinen Vortrag mit **passenden Abbildungen**. Denke an eine **Einleitung** und einen **Schlussteil**.

**Übe deine Präsentation** und versuche möglichst **frei**, **deutlich** und **laut** zu sprechen. Karteikarten mit Schlüsselwörtern helfen dir, den roten Faden nicht zu verlieren.

## 17

### Feedback geben – fair und konstruktiv!

Mit der Tipp-Top-Methode könnt ihr euch gegenseitig fair und konstruktiv eine **Rückmeldung zu mündlichen Präsentationen** geben.

Besprecht **vor** der mündlichen Präsentation in der Klasse die Kriterien, die einen guten mündlichen Vortrag auszeichnen. Haltet die Kriterien stichwortartig als **Checkliste** (z. B. an der Tafel oder im Heft) fest.

Nach dem Vortrag nennt ihr zunächst in einer **Top-Runde** alles, was euch gut gefallen hat.

In einer anschließenden **Tipp-Runde** macht ihr **Verbesserungsvorschläge** zu Punkten, die nicht so gut gelungen sind.

## 18 Bewerbungsbrief / Lettre de motivation

Die folgenden Tipps helfen dir, einen Bewerbungsbrief **knapp** und **präzise**,
**höflich** und **korrekt** zu formulieren:

Schreibe Bewerbungsschreiben immer mit dem **Computer** und achte
auf eine **neutrale Schrift** und eine **gut lesbare Schriftgröße**.
Ein Bewerbungsschreiben sollte auf eine DIN-A4-Seite passen.

| | |
|---|---|
| Adresse des Absenders | Virginie Collier |
| | 27 rue de Provence |
| | 84000 AVIGNON |
| | |
| Adresse des Empfängers | Restaurant Le Zinzolin |
| | A l'attention de Madame Moretti |
| | Rue Galante |
| | 84000 AVIGNON |
| | |
| Betreff | Objet: Candidature pour un poste de serveur/serveuse |
| | |
| Ort, Datum | Avignon, le 5 juin 2018 |
| Anrede | Madame, |
| Großbuchstabe | Suite à votre annonce sur Internet, je vous adresse ma candidature pour un poste de serveuse. |
| Interesse am Stellenangebot | Après mon Brevet Professionnel restaurant, j'ai travaillé pendant plusieurs années dans un restaurant africain. J'aime le contact avec les gens … Je reste à votre disposition pour un entretien. |
| Schlussformel | Dans l'attente de votre réponse, veuillez agréer, Madame, l'expression de mes salutations distinguées. |
| | |
| Name, Unterschrift | Virginie Collier |
| | *Collier* |
| | |
| Verweis auf Anlagen (Pièces jointes) | P.J.: Curriculum vitae |

Die **Anrede** deines Briefes lautet *Madame* oder *Monsieur* (ohne den Nachnamen)
oder *Mesdames, Messieurs*, wenn du den Adressaten nicht kennst. In der **Schlussformel**
wiederholst du die Anrede *(Madame, Monsieur oder Mesdames, Messieurs)*.
Ein Bewerbungsschreiben sollte **fehlerfrei** sein. Verwende daher die Funktion **Rechtschreibprüfung Französisch**. Lies den Brief anschließend noch einmal sehr sorgfältig durch und achte dabei auf
**Rechtschreibung**, **Zeichensetzung** und **Grammatik**.

**19** **Lebenslauf / Curriculum vitae (CV) – Dein Leben auf einem Blatt Papier**

Dein Lebenslauf gibt stichwortartig Auskunft über die **wichtigsten Stationen**
deines Lebens und enthält Informationen über deine **persönlichen Daten**, **Fähigkeiten**
und **Erfahrungen**. Er sollte am Computer geschrieben, **übersichtlich gestaltet** und
**gegliedert** sein und auf eine DIN-A4-Seite passen.

| | | |
|---|---|---|
| Name | Julie Moretti | (Photo facultative) |
| Kontaktdaten | Rue Galante | |
| | Avignon | |
| | Tél. 05.… | |
| | E-mail: Julie.moretti@mail.fr | |
| Geburtsdatum | Née le 5 avril 2002 | |
| | | |
| Schulbildung | **FORMATION** | |
| | 2014 – 2017 | Collège Honoré de Balzac, Paris XV$^e$ |
| | | |
| berufliche Erfahrungen | **EXPERIENCE PROFESSIONNELLE** | |
| | 2017 | Job au restaurant Le Zinzolin, Avignon |
| | Juin 2017 | Stage de découverte à la Poste, Paris XV$^e$ |
| | 2015 – 2016 | Aide dans la crêperie Moretti, Paris |
| | | |
| spezielle Kenntnisse | **LANGUES – INFORMATIQUE** | |
| | Anglais | Depuis la sixième, niveau A2 |
| | Allemand | Depuis la sixième, niveau A2 |
| | Logiciels | Word, PowerPoint |
| | | |
| Interessen | **CENTRES D'INTERET** | |
| | Sports | Equitation, canoë, hip-hop |
| | Voyages | Berlin, chez ma correspondante, Suisse |
| | Loisirs | Faire la cuisine, lire |
| | Autre | Baby-sitting |

Deine Fremdsprachenkenntnisse führst du unter dem Punkt «**Langues**» auf.
Hier kannst / solltest du die Niveaus des internationalen Referenzrahmens (z. B. A2, B1)
hinzufügen und auf eventuell erworbene Sprachenzertifikate (DELF A2) verweisen.
Unter dem Punkt «**Centres d'intérêt**» kannst du persönliche Interessen und Hobbys hinzufügen;
besonders, wenn sie für die Bewerbung interessant sind.
Der französische Lebenslauf enthält **kein Datum** und wird auch **nicht unterschrieben**.

## Tipps zum Umgang mit DELF

**20**

**Besonderheiten bei DELF**

DELF ist eine Prüfung mit vier Übungsformaten. Diese kennst du bereits von den DELF-Seiten. Hier ein paar Tipps, wie du vorgehen kannst.

### Compréhension de l'oral

**Vor dem ersten Hören** ist es wichtig, dass du dir die Aufgaben genau durchliest und überlegst, worum es in dem Hördokument gehen könnte und welche Antworten logisch wären.

Auch Bilder oder der Titel des Hörtextes können dir dabei behilflich sein.
Achte beim Hören auch auf die Stimmen der Sprecher, ihren Tonfall und Geräusche. Sie können dir helfen, die Situation richtig einzuschätzen und Zusammenhänge besser zu verstehen.

Solltest du beim ersten Anhören nicht sofort alle Fragen beantworten können, ist dies nicht schlimm. Es gibt noch **einen zweiten Durchgang**.

Versuche grundsätzlich **zu allen Fragen** eine Antwort zu geben, auch wenn du dir nicht sicher bist.

### Compréhension de l'écrit

Bei der Beantwortung von Fragen darfst du **Aussagen aus dem Text wörtlich übernehmen** und musst keine eigenen Sätze neu formulieren.

Versuche grundsätzlich **zu allen Fragen** eine Antwort zu geben, auch wenn du dir nicht sicher bist.

### Production orale

**Gehe auf die Frage deines Prüfers ein.**
Du sollst in einem Gespräch mit dem Prüfer zeigen, dass du über dich und dein Umfeld sprechen kannst.
Hast du eine Frage nicht verstanden, frage auf Französisch nach.
Bei Verständnisschwierigkeiten können dir diese Formulierungen helfen:
**Pardon, je n'ai pas bien compris.**
**Vous pouvez répéter, s'il vous plaît?**

### Production écrite

In diesem Teil musst du einen Text mit einer bestimmten Anzahl von Wörtern verfassen. Beim Wörterzählen sparst du dir Zeit, wenn du **die Wörter einer Zeile** zählst und diese Zahl **mit der Anzahl von Zeilen** deines Textes **multiplizierst**.

**Tipp**
Gehe im Internet auf die Seite **www.klett.de/delf.** Dort kannst du dich kostenlos testen.

## Kooperative Lernformen

**21**

**Lesekonferenz**

Teilt euch die Arbeit in der Gruppe auf. Klärt zunächst den
Arbeitsauftrag. Dann liest jeder den Text einmal für sich.
Tauscht euch anschließend aus: Wer hat was verstanden?
Stellt fest, wo ihr Verständnislücken oder unterschiedliche Ergebnisse
habt. Jeder übernimmt nun eine Rolle:

A schlägt unbekannte Wörter nach,
B sucht Informationen heraus, die für die Aufgabenstellung wichtig
   sind,
C dokumentiert die Ergebnisse,
D überprüft die richtige Aussprache und präsentiert
   die Ergebnisse.

**22**

**Schreibkonferenz**

Bei einer Schreibkonferenz geht es darum, eure selbst geschriebenen
Texte gegenseitig zu korrigieren und Verbesserungsvorschläge zu
machen.
Erstellt zuerst gemeinsam mit eurem Lehrer eine **Checkliste**,
in der ihr festlegt, was einen guten Text ausmacht:

– **Inhalt** (logische Reihenfolge, Vollständigkeit,
   Verständlichkeit),
– Genauigkeit der **Sprache** (Wortschatz, Rechtschreibung),
– **Grammatik** (Zeiten, Verb-Endungen, Satzbau),
– **äußere Form** (z.B. Überschrift, Einleitung, Schluss,
   Anrede bei Briefen).

Setzt euch dann in Gruppen zu viert zusammen.
Jeder ist Experte für einen dieser vier Bereiche.
Lest die Texte nacheinander durch und macht (entweder
in der Checkliste oder am Blattrand) Notizen in Form von
Smileys oder Symbolen. Ihr könnt auch konkrete
Verbesserungsvorschläge machen.
Danach liest jeder Schüler / jede Schülerin alle Kommentare
zum eigenen Text durch und überarbeitet ihn nach Bedarf.

**23**

Szenisches Lesen

**Dialoge** eignen sich besonders gut für das szenische Lesen.
Wie im **Theater** werden die Personen durch das **Spielen** mit
verteilten Rollen **lebendig** und erhalten einen Charakter.

Verteilt die **Rollen** oder lost sie aus.

**Lest** zunächst eure Rolle **leise** vor euch hin. Versetzt euch
in die Person und überlegt, in welcher **Stimmung** sie ist.
Versucht diese über **Gestik**, **Mimik** und **Stimme** umzusetzen.

**Klärt** anschließend (in der Gruppe oder mit eurem Lehrer)
**Fragen** zum **Textverständnis** und zur **Aussprache**.

**Probt** jetzt gemeinsam eure Szene, bis sie gut genug
für die Aufführung ist.

**Tipp**

Im Theater gibt es bei jedem Stück
einen Souffleur / eine Souffleuse.
Er / Sie hat den gesamten Text vor
sich, liest mit und hilft den
Darstellern, wenn sie steckenbleiben.

**24**

Fehler vermeiden

Überprüft eure geschriebenen Texte, indem ihr euch folgende Fragen stellt:

Stimmt der **Begleiter** mit dem **Nomen** überein?
**ce** village – **cette** ville

Stimmt das **Adjektiv** mit dem **Nomen** überein?
le**s** petit**s** village**s** – la grand**e** ville

Stimmt die **Verbform** mit dem **Subjekt** des Satzes überein?
Haben die **Verben** die richtige Endung?
elle prend / elle**s** prenn**ent**

Ist die **Endung des Partizips** beim **Passé composé** mit **être** an das Subjekt angepasst?
Il est part**i**. Ils sont part**is**. Elles sont part**ies**.

Achtet auch auf **Akzente**, **Apostrophe** und **Zeichensetzung**:
Trappes, c'est une ville ou un village?
C'est la ville où Omar Sy est né.

## Redemittel für eine Präsentation

**25**

### Eine Präsentation durchführen

| **Introduction** | **Einleitung** |
| --- | --- |
| Je vais vous parler de … | Ich möchte über … sprechen. |
| J'ai choisi ce sujet parce que … | Ich habe dieses Thema gewählt, weil … |

| **Structurer la présentation** | **Die Präsentation strukturieren** |
| --- | --- |
| Dans ma présentation, je vais traiter les points / thèmes / aspects suivants … | In meiner Präsentation werde ich folgende Punkte / Themen / Aspekte behandeln … |
| Ma présentation est composée de X parties: Premièrement …, deuxièmement, … | Meine Präsentation besteht aus X Teilen: erstens …, zweitens … |
| Je termine par … | Ich ende mit … |

| **Utiliser des médias** | **Auf Medien verweisen** |
| --- | --- |
| Voici le plan de ma présentation. | Hier ist der Plan meiner Präsentation. |
| Sur la photo, vous pouvez voir … | Auf dem Foto könnt ihr … sehen. |
| J'ai préparé une fiche/un transparent sur … | Ich habe ein Handout / eine Folie zu … vorbereitet. |

| **Entrer en contact avec les auditeurs** | **Kontakt zu den Zuhörern herstellen** |
| --- | --- |
| Vous avez des questions ou des remarques? | Habt ihr Fragen oder Anmerkungen? |
| Je vais distribuer les fiches après ma présentation. | Ich werde die Handouts nach meiner Präsentation verteilen. |
| Faites passer les documents dans la classe, s'il vous plaît. | Gebt die Dokumente bitte in der Klasse herum. |

| **Expliquer des mots difficiles** | **Schwierige Wörter erklären** |
| --- | --- |
| …, c'est / ça veut dire / ça signifie … en allemand. | … bedeutet auf Deutsch …. |

| **Finir la présentation** | **Die Präsentation beenden** |
| --- | --- |
| En conclusion, je voudrais souligner que … | Abschließend möchte ich unterstreichen, dass … |
| Merci de votre attention! | Danke für eure Aufmerksamkeit! |

## 26 Feedback geben

| | |
|---|---|
| 1. Tu as parlé clairement / un peu trop vite. J'ai tout compris. / Je (n)'ai (pas) tout compris. Tu as bien expliqué les mots difficiles. | 1. Du hast deutlich / ein bisschen zu schnell gesprochen. Ich habe (nicht) alles verstanden. Du hast die schwierigen Wörter gut erklärt. |
| 2. J'ai appris plein de choses. Tu as donné des bons exemples. La présentation était très vivante. | 2. Ich habe viel gelernt. Du hast gute Beispiele gegeben. Die Präsentation war sehr lebendig. |
| 3. L'affiche illustre bien ton exposé. Tu as bien choisi les photos. | 3. Deine Präsentation wird durch das Plakat gut veranschaulicht. Du hast die Fotos gut gewählt. |
| 4. Je trouve que ta présentation était très réussie. | 4. Ich finde deine Präsentation sehr gelungen. |

## 27 On travaille ensemble

| | |
|---|---|
| Qui cherche des informations / des photos sur …? | Wer sucht Informationen / Fotos über …? |
| Qui écrit le texte? | Wer schreibt den Text? |
| Je veux bien commenter le graphique. | Ich möchte gern die Graphik kommentieren. |
| Moi, je m'occupe des enregistrements / des illustrations. Tu peux m'aider? | Ich kümmere mich um die Tonaufnahmen / die Bilder. Kannst du mir helfen? |
| Tu veux bien écrire le texte avec moi? | Möchtest du den Text mit mir schreiben? |
| Je lis le texte et je surligne les mots importants. | Ich lese den Text und markiere die wichtigen Wörter. |
| Pour notre saynète, je voudrais prendre le rôle de … Vous êtes d'accord? | Für unsere Szene hätte ich gerne die Rolle von … Seid ihr damit einverstanden? |
| Je ne suis pas d'accord avec toi / avec vous. | Ich bin nicht mit dir / mit euch einverstanden. |
| On s'entraîne pour la présentation? | Wollen wir die Präsentation üben? |
| Je présente l'introduction et le chapitre deux. | Ich präsentiere die Einleitung und Kapitel 2. |
| Tu te charges du chapitre 1 et de la conclusion? | Übernimmst du Kapitel 1 und den Schluss? |
| On n'a plus que 5 minutes. | Wir haben nur noch 5 Minuten Zeit. |
| Attention, il y a une faute ici. | Pass auf. Hier ist ein Fehler. |

### Allgemeine Redemittel

Hier findest du die wichtigsten Redemittel in der Reihefolge des Schülerbuches zum Nachschlagen.

### über eine Insel sprechen (→ L1)
### On dit: Parler d'une île

| La Guadeloupe | se trouve … |
|---|---|

| C'est une île / un archipel | qui se trouve … |
|---|---|
| | où il pleut … |
| | où on cultive … |
| | où on peut observer … |
| | où il y a … |

| Autour de l'île, Dans la mer, | il y a … on peut voir / observer … |
|---|---|

| En Guadeloupe, | on parle … |
|---|---|
| | on fête … |
| | on cultive … |

### über die eigene Herkunft sprechen (→ L2)
### On dit: D'où je viens

| Dans quel pays Dans quelle ville | est-ce que tu es né(e)? |
|---|---|

Depuis quand est-ce que tu habites ici?
Ta famille vient d'où?

Quelle langue est-ce que tu parles à la maison?

Je suis né(e) en …
Ma ville natale, c'est …
J'habite ici depuis …
Ma famille est d'origine allemande / russe / …
Ma famille vient de …
Dans ma famille, on parle …

### über das Theater sprechen (→ Module A)
### On dit: Au théâtre

**L'échauffement**
Faites des grimaces.
Envoyez une grimace à votre voisin de droite.
Faites passer la grimace à votre voisin.

Changez de sens. Changez d'émotion.
Changez de position.
Restez figés dans une position.
Posez la main sur votre tête.

Marchez dans la salle. Traversez la salle.
Traversez le rideau invisible.
Utilisez tout l'espace.

Observez bien tous les détails de près.
Observez votre démarche / votre voix / votre mimique.
Prenez votre temps.

**L'acteur / l'actrice**
le personnage
le rôle
la voix
le geste
la mimique

**La scène**
le rideau
les accessoires
le décor
les costumes

**La technique**
le son
le bruitage
la lumière

### über Gefühle sprechen (→ Module A)
### On dit: Les émotions des personnages

Dans cette saynète, je suis
triste
en colère
content(e)
agressif, agressive
timide
stressé(e)
maladroit(e)
arrogant(e)
impatient(e)

drôle
sérieux, sérieuse
déçu(e)
nerveux, nerveuse
sympathique
égoïste
perdu(e) / désorienté(e)
amoureux, amoureuse

## über Vorgänge am Bahnhof sprechen (→ Module A)
### On dit: Actions à la gare

| | |
|---|---|
| faire la queue au bureau d'information<br>chercher le quai | tirer une petite / grosse valise<br>porter un sac lourd / léger |
| composter son billet<br>acheter un sandwich<br>choisir une boisson au distributeur | chercher le wagon n° / la voiture n°<br>trouver sa place<br>poser ses bagages |
| s'impatienter devant le panneau d'affichage<br>regarder l'horloge<br>attendre le départ / l'arrivée du train | s'installer à sa place<br>montrer son billet / sa réservation au contrôleur<br>présenter sa carte de réduction |

## ein Bild beschreiben (→ L3)
### On dit: Description d'un tableau

| | | | |
|---|---|---|---|
| Sur le tableau, on voit<br>Sur le dessin, | un homme.<br>une femme.<br>un enfant.<br>… | C'est | le roi … / la reine …<br>un courtisan /<br>une courtisane /<br>un valet. |
| Il / elle est | riche / pauvre.<br>(très) beau/belle.<br>jeune / (très) âgé(e). | Il / Elle porte | une perruque brune.<br>un grand chapeau.<br>un long manteau.<br>une belle robe. |
| Il / Elle a les yeux | bleus / verts.<br>marron (!). | Il / Elle a les cheveux | blonds / bruns /<br>châtains / blancs.<br>longs / courts. |
| Il / Elle est debout.<br>assis(e) | sur une chaise /<br>dans un fauteuil. | Il / Elle joue | de la flûte.<br>aux cartes / au billard. |
| Ils sont assis | autour d'une table.<br>par terre. | Dans sa main,<br>il / elle tient | une fleur / un verre de<br>vin … |
| Sur la table,<br>Sur le sol,<br>Au mur, | il y a une assiette, …<br>il y a …<br>il y a … | Il / Elle a l'air | content(e) / triste. |

## sich in einer Stadt zurechtfinden (→ L4)
## On dit: Se déplacer en ville

– Est-ce qu'il y a une **station de tram** près d'ici?

– Où se trouve **l'arrêt du bus** pour aller au Parlement européen?

– Où se trouve le **départ des bateaux** promenade?

– S'il vous plaît, Madame, comment je peux aller au Conseil de l'Europe?

– Savez-vous où est-ce qu'on peut acheter les tickets?

– Oui, traversez la place et c'est dans la rue à votre gauche.

– Désolé(e), je ne suis pas d'ici. / Je ne sais pas.

– Devant le Palais Rohan.

– Vous pouvez prendre le tram, ligne E.

– Au distributeur automatique à la station de tram / dans le bus.

## gemeinsam spielen (→ Module B)
## On dit: Jouer ensemble

**Les couleurs des cartes** sont:

le pique    le cœur    le carreau    le trèfle

le valet    la dame    le roi    l'as

**Les cartes**

Tu peux

    battre les cartes.

    distribuer 5 cartes à chaque joueur.

    commencer à jouer.

    échanger une carte avec ton coéquipier.

    poser une carte.

**Les pions**

Tu peux / Tu dois

    jouer dans le sens des aiguilles d'une montre.

    sortir un pion de ta maison.

    avancer le pion de 6 cases.

    reculer le pion de 4 cases.

    échanger le pion vert et le pion bleu.

    prendre / manger un pion.

    être pris.

    repartir pour un deuxième tour.

    rentrer un pion dans la zone d'arrivée.

→

**Pour jouer ensemble**

– Tu choisis quelle couleur?
– Vert. Et toi?

– Qui commence?
– J'ai distribué, donc c'est à toi.

– C'est à qui de distribuer les cartes?
– C'est à moi.

– C'est à toi de jouer?
– Non, c'est à toi!

– Tu poses une carte?
– Attends, je réfléchis.

– Je ne sais plus comment on avance avec un valet.
– Tu peux regarder la règle.

– Tu triches. Tu n'as pas le droit de faire ça!
– Si!
– Mais non, tu dois avancer avec un autre pion.

– Tu n'as pas le droit de prendre mon pion. Ici, il est protégé.
– Alors, je ne peux pas jouer. Je pose une carte. Tant pis!

– On a gagné!

## sich zu etwas äußern (→ Passerelle 2)
## On dit: Donner son avis

| | |
|---|---|
| Le Mémorial ACTe, | |
| est un monument pour se souvenir | des victimes de l'esclavage / de l'histoire. |
| Il aide les visiteurs | à comprendre le passé / à réfléchir sur … |
| Il est important | pour les générations …. |
| **D'une part**, on ne doit pas oublier | qu'il faut lutter pour … , encore aujourd'hui. |
| **D'autre part**, avec l'argent on aurait pu | faire autre chose / lutter contre … / construire … |
| | pour les habitants. |

| | |
|---|---|
| **A mon avis,** | c'est un monument important parce que … |
| **Selon moi,** | le mémorial a coûté / coûte trop cher. |
| **Je trouve qu'** | il est inutile, il ne sert à rien. |
| | il (n') intéresse (pas) les jeunes / les touristes. |
| **En conclusion**, je trouve qu' | on a eu raison / tort de contruire le mémorial. |

## über einen Filmausschnitt sprechen (→ Passerelle 3)
## On dit: Parler d'un clip

| La description du clip: | Mon avis sur: |
|---|---|
| Les personnes? / Le lieu? / Qu'est-ce qu'ils font? | Le thème / La musique / La réalisation |
| Dans le clip, <br> Le clip a été tourné <br> Les chanteurs parlent de … | il y a / on voit … / j'ai vu / reconnu … <br> à … / sur … |
| Le clip / la musique / (ne) me plaît (pas) <br> Les paroles (ne) me plaisent (pas) | parce que … <br> car … |
| Je trouve que le clip <br> Je (ne) suis (pas) d'accord avec les chanteurs | est réussi / n'est pas réussi. <br> parce que … |

### zu G8
#### 1 Deux copines à Strasbourg

*Lucie:* Qu'est-ce qu'on fait aujourd'hui? – *Sara:* J'aimerais aller à la Petite France. – *Lucie:* D'accord, on **y** va. – *Sara:* Il **y** a des restaurants sympa. Est-ce que tu as déjà mangé de la flammekueche? – *Lucie:* Non, je n'**en** ai jamais mangé. – *Sara:* Ensuite, je propose de retourner au centre-ville. Tu peux **y** acheter des souvenirs pour tes parents. – *Lucie:* J'**en** ai déjà, mais il m'**en** faut un pour ma sœur.

### zu G9 – G10
#### 1 On fait de la géographie

a La Guadeloupe est **plus grande que** la Martinique.
La Martinique est **moins grande que** la Réunion.
La Seine est presque **aussi longue que** le Rhône.
La Loire est **plus longue que** le Rhône.
Le pic du Midi est **moins haut que** le mont Blanc, mais presque **aussi haut que** le pic Carlit.

b L'île **la plus grande**, c'est la Réunion.
Le fleuve **le moins long**, c'est la Seine.
La Montagne **la plus haute**, c'est le mont Blanc.

#### 2 Versailles

Versailles est un **beau** château qui se trouve près de Paris. Chaque jour de nombreux touristes y visitent les **belles** chambres avec les **vieux** meubles. On peut voir aussi le **vieil** appartement du roi. Depuis 2009, le château a une **nouvelle** façade. Dans le parc il y a des **beaux** arbres, des **nouvelles** statues et des **vieilles** fontaines. Pour entrer au château, il faut monter un **bel** escalier. Après la visite, on peut manger dans des **nouveaux** restaurants qui proposent des plats délicieux.

### zu G13 – G14
#### 1 Kader et son grand-père

1. *Kader:* Où est-ce que tu **habitais** quand tu **étais** jeune?
2. *Grand-père:* On **vivait** à la campagne. Mes parents **avaient** une maison.
3. *Kader:* Pourquoi est-ce que toi et ton frère, vous **vouliez** partir en France?
4. *Grand-père:* Nous n'**avions** pas de travail. Alors, on a quitté notre famille pour nous installer en France. On **voulait** gagner de l'argent.

#### 2 Didier et Soraya

Didier **était** à Paris depuis deux jours. Il **avait** une chambre dans une auberge de jeunesse. Tous les matins, il **prenait** son petit-déjeuner au café près de l'auberge. Un jour, il y **a rencontré** Soraya, une jeune fille du Sénégal. D'abord, il **a discuté** avec elle. Puis, ils **sont allés** au Sacré-Cœur. Il **faisait** chaud ce jour-là. Alors, ils **ont mangé** une glace. Ensuite, Soraya **est allée** à la fête interculturelle. Elle **a invité** Didier à venir avec elle.

### zu *G15
#### *1 Le Mémorial ACTe

1. Le président de la République **avait inauguré** le Mémorial ACTe.
2. Trente chefs d'Etats **étaient venus** pour la cérémonie.
3. Les hommes politiques **avaient visité** les salles d'exposition.
4. Après, quelques visiteurs **étaient** aussi **passés** devant les sculptures.
5. Une jeune fille **avait raconté** qu'on comprenait bien l'histoire de l'esclavage grâce à ce musée.
6. Seule critique: Le mémorial **avait coûté** 83 millions d'euros.

### zu G17
#### 1 Les vacances

Où est-ce que les jeunes touristes **passeront** leurs vacances?

*Noah:* Qu'est-ce que vous **ferez**?
*Marcel:* Je **visiterai** la capitale, Pointe-à-Pitre. Et toi, Noah, tu **feras** de la plongée?
*Noah:* Oui, j'en **ferai**. Il y a un beau récif de corail.
*Nicole et Céline:* Nous **irons** aux fêtes créoles où on **écoutera** le Gwoka. Vous **danserez** avec nous?
*Mehdi:* Bien sûr. Et puis, j'adore les desserts. Alors, je **mangerai** des verrines et du flan coco.
**Solution:** Les touristes iront en **Guadeloupe**.

### zu G18
#### 1 Vivre comme un roi

J'**aimerais** vivre comme Louis XIV. Et toi, tu **serais** ma reine. Nous **nous lèverions** quand on voudrait. Les valets nous **habilleraient** et **maquilleraient**. Pour le déjeuner, il y **aurait** cinq ou six plats. Ensuite, je **partirais** (partir) à la chasse. Le soir, nous **ferions** une partie de billard. Puis, tu **assisterais** à un spectacle dans notre théâtre, pendant que moi, je **dormirais**. Ce **serait** une vie de rêve.

## zu G19
### 1 Qu'est-ce qu'il faut faire à Strasbourg?
1d, 2e, 3a, 4c, 5f, 6b

### 2 Que dit le prof?
Je propose que vous **soyez** à 7 heures à la gare.
Je préfère que nous **fassions** la balade à vélo ensemble.
Mais, j'aimerais que les garçons **attendent** les filles.
Je voudrais qu'on **aille** au Parlement l'après-midi.
Enfin, je préfère que vous **fassiez** les courses après la visite.

## zu *G22
### *1 Elle mange en marchant
a 1. Elle téléphone en faisant du vélo.
  2. Elle mange en regardant la télé.
  3. Elle chatte en écoutant la musique.
b 1. Il apprend l'allemand en chantant.
  2. Il apprend l'allemand en lisant des livres.
  3. Il apprend l'allemand en écrivant des SMS à sa corres allemande.

## zu *G23
### *1 On est en train de danser.
Tout le monde est en train de manger. / Les gens sont en train de ranger. / Je suis en train de préparer du matété. / Nous sommes en train de faire de la musique.

## zu G26 / G28
### 1 La fête interculturelle
A la fête interculturelle, il y avait un grand buffet **et** un spectacle. L'ambiance était super **parce que / car** il y avait de la musique et de la danse. Tout à coup, il a commencé à pleuvoir **mais** les gens sont quand même restés. Mais après, **comme** il pleuvait beaucoup, les musiciens ont rangé leurs instruments. **Quand** le soleil est revenu, la fête a continué. La fête aura lieu encore l'année prochaine **car / parce que** tout le monde trouve que c'est génial.

## 2 Si tu aimes la plongée …
1. Si je vais en Martinique, je **visiterai** la capitale.
2. Si tu **aimes** la plongée, tu pourras aller en Guadeloupe.
3. S'il pleut demain, on **ira** au musée.
4. Si nous **prenons** le tram, nous serons à l'heure.
5. Si vous passez un an en Italie, vous **apprendrez** bien la langue.
6. Si elles **font** de la musique, elles joueront du tambour.

## 3 Si j'étais un roi …
1. Si j'étais un roi, je ferai ☐ / ferais ☒ la fête chaque jour.
2. Si tu gagnes ☐ / gagnais ☒ un million d'euro, est-ce que tu achèterais une grande maison?
3. Si elle a ☒ / avait ☐ le temps aujourd'hui, elle viendra me voir.
4. Si nous pouvions rencontrer Lilian Thuram, nous jouerons ☐ / jouerions ☒ au foot avec lui.
5. Si vous allez en Guadeloupe, vous mangerez ☒ / mangeriez ☐ du matété.
6. S'ils ont ☐ / avaient ☒ six mois de vacances, ils iraient en Martinique.

## zu G31
### 1 Pour visiter Strasbourg …
1. **Pour** trouver la Petite France, on peut se renseigner à l'Office de tourisme.
2. Il ne faut pas quitter Strasbourg **sans** manger du flammekueche.
3. Il faut une heure et demie **pour** faire un tour en bateau sur l'Ill.
4. On ne peut pas visiter le Parlement européen **sans** montrer une pièce d'identité à l'entrée.

## zu *G32
### *1 Le français dans le monde
1d, 2a, 3b, 4c

## zu G33
### 1 On est arrivé à Strasbourg
**Heureusement**, on n'est pas arrivés en retard. Maintenant, on peut **tranquillement** aller à l'hôtel. **Normalement**, il y a un tram qui y va. A l'hôtel, je vais me reposer parce que je suis **complètement** crevé. Le voyage était **vraiment** long.

## Verzeichnis der grammatischen Begriffe

In der linken Spalte findest du die wichtigsten der im Grammatischen Beiheft verwendeten Begriffe. Das Grammatikkapitel (G …) nennt die Stelle, an der du etwas über den Begriff erfährst. Die mittlere Spalte enthält Entsprechungen, die du vielleicht noch aus der Grundschule kennst. In der rechten Spalte werden die französischen Bezeichnungen sowie französische Beispiele aufgeführt.

| Verwendete Begriffe | Entsprechungen | Französische Bezeichnungen und Beispiele |
|---|---|---|
| **Adjektiv (G9 – 10, G33)** | Eigenschaftswort | l'adjectif: *grand, petit, beau, nouveau, noir, blanc* |
| **Adverb (G33)**<br>• ursprüngliches ~<br>• ~ auf -ment | Umstandswort | l'adverbe:<br>• ~ simple: *hier, beaucoup, trop, très, etc.*<br>• ~ en -ment: *heureusement, vraiment, etc.* |
| **Artikel (G1, G4, G10)**<br>• bestimmter ~<br>• unbestimmter ~ | Geschlechtswort | l'article<br>• ~ défini: *le lit, la table, l'armoir, les chaises*<br>• ~ indéfini: *un copain, une copine, des copains* |
| **Aussagesatz (G25, G29 – 30)** | | la phrase déclarative: *Malika porte un sac.* |
| **Bindung (G1)** | | la liaison: *les histoires, des autoroutes, nous avons* |
| **Demonstrativbegleiter (G3)** | | le déterminant démonstratif: *ce / cet / cette / ces* |
| **Femininum (G1, G3 – 4, G6 – 7, G9, G12, G30, G33)** | weibliches Geschlecht | le genre féminin: *une copine, la chaise* |
| **Fragebegleiter (G30)** | | le déterminant interrogatif: *quel / quelle* |
| **Fragesatz (G30)**<br>• ~ mit est-ce que | | la phrase interrogative: *C'est qui?*<br>• ~ avec est-ce que: *Est-ce qu'on va au cinéma?* |
| **Fragewort (G30)** | | l'interrogatif: *quand, où, qui, pourquoi, etc.* |
| **Gerundium (°G22)** | | le gérondif: *en regardant, en lisant, en mangeant, etc.* |
| **Imperativ (G20, G35)** | Befehlsform | l'impératif: *Ecoute. / Ecoutez. / Ecoutons.* |
| **Indefinitbegleiter (G4)** | | le déterminant indéfini: *tout le / toute la / tous les / toutes les* |
| **indirekte Rede / Frage (G29)** | | le discours indirect: *Antoine dit qu'il a mal au pied.*<br>*Mme Moretti demande si le client a réservé une table.* |
| **Infinitiv (G11, G16 – 18, G21, G25, G31)** | Grundform | l'infinitif: *avoir, regarder, attendre, mettre* |
| **Infinitivsatz (G31)** | | la proposition infinitive:<br>*Pour aller à Strasbourg, on peut prendre le train ou le bus.* |
| **Inversionsfrage (G30)** | | l'interrogation avec inversion: *Avez-vous un plan de la ville?* |
| **Konditional (G18, G35)** | | le conditionnel: *J'aimerais aller à la mer.* |
| **Konsonant (G3, G9, G30, G35)** | Mitlaut | la consonne: *b, c, d, f, etc.* |
| **Maskulinum (G1, G3 – 4, G6 – 7, G9, G12, G30, G33)** | männliches Geschlecht | le genre masculin: *un copain, le lit* |
| **Mengenangaben (G8, G34)**<br>• bestimmte ~<br>• unbestimmte ~ | | les quantités:<br>• *deux kilos de, 200 grammes de, etc.*<br>• *du lait, de l'eau, de la confiture, des fruits* |
| **Nomen (Substantiv) (G1 – 5, G7, G9 – 10, G30, G34)** | Hauptwort, Namenwort | le nom (substantif):<br>*la danse, l'orange, le pantalon* |
| **Objekt (G6, G21, G25, G27, G30)**<br>• direktes ~<br>• indirektes ~ | Satzergänzung<br>• Akkusativobjekt<br>• Dativobjekt | le complément d'objet:<br>• ~ direct: *Elle porte un sac.*<br>• ~ indirect: *Elle donne le sac à sa copine.* |
| **Objektpronomen**<br>• direkte ~ (G7)<br>• indirekte ~ (G6) | Fürwörter als<br>• direktes Objekt<br>• indirektes Objekt | le pronom objet:<br>• ~ direct: *Je l'apporte.*<br>• ~ indirect: *Alex lui montre son portable.* |

| | | |
|---|---|---|
| **Passivsatz (*G32)** | | la forme passive: *La langue française est enseignée dans les écoles.* |
| **Personalpronomen (G5, G30)**<br>• unverbundene ~ | persönliches Fürwort | le pronom personnel tonique:<br>*avec toi, chez lui, devant nous, etc.* |
| **Plural (G1, G3 – 4, G6 – 7, G9, G11, G19 – 20, *G22, G30)** | Mehrzahl | le pluriel: *les chaussettes* |
| **Possessivbegleiter (G2)** | besitzanzeigendes Fürwort | le déterminant/l'adjectif possessif:<br>*mon/ma/mes … mon sac*<br>*notre/votre/leur … votre prof* |
| **Präsens (G11, G13, G19, *G22, G28, G35)** | Gegenwart | le présent: *Je regarde des photos.* |
| **Pronomen (G8)**<br>• y und *en | | les pronoms y et *en: *J'y suis déjà allé(e)./*<br>*Merci, j'en ai encore.* |
| **Relativsatz (G26 – 27)** | eingeleiteter Nebensatz | la proposition relative: *Mathis rencontre Gérard qui a un restaurant à Paris.* |
| **Satz**<br>• einfacher ~ (G25)<br>• komplexer ~ (G26)<br><br>• si-~ (G28) | | la phrase<br>• ~ simple: *Elle est née de parents Immigrés.*<br>• ~ complexe: *Elle est née de parents immigrés, mais elle est française.*<br>• ~ avec si: *Si tu pouvais choisir, tu vivrais dans quel pays?* |
| **Singular (G1, G3 – 4, G6 – 7, G9, G20, G30)** | Einzahl | le singulier: *une chaussette* |
| **Subjonctif (G19)** | | le subjonctif: *Il faut que tu partes.* |
| **Verb**<br>• regelmäßiges ~ (G17 – 18)<br>• ~ auf -er (G11 – 12, G35)<br>• ~ auf -dre (G11, G35)<br>• ~ auf -ir (G11, G35)<br>• unregelmäßiges ~ (G11, G17, G19, G35)<br>• reflexives ~ (G11, G35)<br>• ~ mit Infinitivergänzung (G21) | Tätigkeits-, Tun-, Zeitwort | le verbe:<br>• ~ régulier: *regarder, répondre, etc.*<br>• ~ en -er: *regarder, passer, etc.*<br>• ~ en -dre: *répondre, prendre, etc.*<br>• ~ en -ir: *sortir, finir, etc.*<br>• ~ irrégulier: *avoir, être, faire, etc.*<br>• ~ pronominal: *s'appeler, s'occuper de, etc.*<br>• ~ suivi d'un infinitif: *aimer aller, devoir faire, etc.* |
| **Vergangenheit**<br>• einfache ~ (G13 – 14, G35)<br>• zusammengesetzte ~ mit avoir/être (G12, G14, G35) | | le passé:<br>• l'imparfait: *C'était super!*<br>• ~ composé avec avoir/être: *j'ai chatté, il est allé/ elle est allée* |
| **Verneinung (G8, G11 – 12, G16, G24, G34)** | | la négation: *Il n'aime pas le rugby./Je n'ai pas traîné./Nous n'allons pas jouer au foot.* |
| **Vokal (G1, G3, G6 – 7, G9, G11, G24, G29 – 30, G35)** | Selbstlaut | la voyelle: *a, e, i, o, u, y* |
| **Vorvergangenheit (*G15)** | | le plus-que-parfait: *Avant d'aller au cinema, il avait regardé le programme.* |
| **Zukunft**<br>• einfache ~ (G17)<br>• zusammengesetzte ~ (G16) | | le futur<br>• ~ simple: *Je prendrai des photos.*<br>• ~ composé: *Ce week-end, je vais faire du vélo.* |